AF337975

LA GÉORGIE
ET LA GUERRE ACTUELLE

PRIX 1 FR.

ORIENT-VERLAG
ZÜRICH
BAHNHOFSTRASSE 35
1915

LA GÉORGIE ET LA GUERRE ACTUELLE

PRIX 1 FR.

ORIENT-VERLAG
ZÜRICH
BAHNHOFSTRASSE 35
1915

P 242853

Église épiscopale de Mtzkhétha, construite au VIme siècle.

AVANT-PROPOS.

C'est à ceux qui considèrent l'assassinat d'un peuple comme un crime infiniment plus horrible et plus indigne que l'assassinat d'un individu que je m'adresse par cette brochure. C'est sur la sympathie de ceux qui peuvent et veulent comprendre la tragédie d'un peuple si injustement trompé et asservi par le despotisme russe que je compte. Dans les pages qui suivent, je n'avais rien à cacher; j'ai tâché de dire la vérité aux amis et aux ennemis. Si l'histoire de ma malheureuse Patrie a enregistré beaucoup de faits qui prouvent l'imprudence politique de nos voisins, actuellement unis avec nous par les liens de la solidarité, la faute n'en retombe pas sur la Géorgie; ce sont des faits bien connus, qui appartiennent, du reste, au passé lointain. Ils sont oubliés par la nation géorgienne; ils n'ont aucune influence sur nos amitiés avec les Turcs et les Persans. Mais, à l'avenir, nous devons créer des conditions qui puissent rendre à jamais impossible la répétition des fautes du passé et de leurs conséquences inévitables. Et ceux de nos amis turcs et persans qui se placeront au point de vue des faits et de la vérité historique, comprendront parfaitement ce que l'auteur leur voulait dire. Un vieux proverbe géorgien dit: « Gronde les amis en leur présence et les ennemis en leur absence. » — Le lecteur européen me comprendra plus facilement. Il connaît la valeur de la vie. Eh bien, la Géorgie défendit sa vie à travers les âges et vit aujourd'hui encore, malgré tous les malheurs qu'elle a subis. Elle veut se débarrasser de l'esclavage russe, qui lui prépare la mort inévitable. Il est vrai, la valeur de notre *vie* n'est pas égale à celle des Athéniens, mais la vie de la petite Géorgie était héroïque et noble, du moins pendant 2,000 ans, et que l'influence russe ne l'a pas entièrement avilie, l'avenir le plus proche le montrera. Brosset, le meilleur connaisseur de l'histoire de la Géorgie, caractérisait Tiflis ainsi: c'est le produit du travail de générations de héros. Nous disons — non seulement Tiflis, mais chaque coin de ce petit pays est le produit du travail de plusieurs générations de héros, chaque pièce de son territoire est arrosée par les larmes et le sang des milliers d'hommes dont les descendants souffrent actuellement encore davantage et sont prêts à rendre le dernier soupir, si l'aide de quelque part ne leur vient pas. Qu'on nous aide, et peut-être nous serons capables de prouver que notre vie nationale possède encore une certaine valeur.

* * *

I.

La déclaration de guerre par l'Empire ottoman à la Russie a compliqué de beaucoup le problème posé par la guerre mondiale à laquelle nous assistons actuellement. Le grand problème concerne non seulement les grands changements politiques et sociaux qui auront lieu dans les grandes sociétés européennes, mais aussi l'organisation politique des autres nations, petites ou grandes, qui étaient dépourvues jusqu'à présent de toute possibilité de vivre en dehors de la tutelle des grandes puissances et qui n'étaient pas considérées comme dignes d'être sujets du droit international. Le grand peuple Hindou, les peuples musulmans, les Polonais, les Finlandais, les Ukraïniens, les Irlandais, les Géorgiens, etc. — tous ils aspirent à la liberté future, et le problème de leur indépendance nationale étant depuis longtemps posé, tous ils attendent la solution de ce problème après cette guerre. Et le Caucase ne fait pas exception à ce phénomène général du réveil des peuples subjugués. Les Caucasiens, et surtout les Géorgiens, ont compris la grandeur du moment actuel. L'heure de leur action a sonné ; la guerre qui vient d'éclater entre la Turquie et la Russie fournit au peuple Géorgien le meilleur moyen de reconquérir l'indépendance politique perdue par lui depuis un siècle. C'est dans ce but que la Géorgie a tendu la main à la Turquie et à ses grandes alliées, l'Allemagne et l'Autriche, pour combattre ensemble la Russie, cette puissance formidable, qui cultive depuis des siècles l'esclavage et fait régner une réaction terrible non seulement parmi les peuples incorporés de force dans cet Empire, mais aussi contre le peuple russe lui-même.

La Turquie attaque la Russie par la Mer Noire et par les frontières géorgiennes. Les troupes ottomanes ne peuvent pas éviter le territoire géorgien pour marcher ensuite sur Tiflis, la capitale de la Géorgie. C'est après l'occupation de la Géorgie que la Turquie peut prendre possession du Caucase, et il est naturel qu'on se pose des questions concernant l'avenir de la Géorgie et du Caucase tout entier après l'évacuation du territoire Caucasien par les troupes russes, en cas que les Turcs sortent victorieux de cette lutte héroïque qu'ils ont engagée contre les Moscovites détestés.

Non seulement les Géorgiens, mais tous les peuples du Caucase marcheront ensemble avec les Turcs pour débarrasser le territoire caucasien de la domination russe. Si l'on attend quelquefois que les Arméniens soient prêts à marcher d'accord avec les Russes, il ne faut pas tout de même exagérer ce prétendu danger, car le nombre des Arméniens du Caucase qui ont embrassé la cause russe, n'est pas grand, et il faut absolument compter sur l'intelligence et l'honnêteté du peuple Arménien en général, qui ne permettra jamais à ses fils égarés et trompés par les Russes de se mettre du côté de la barbarie et de trahir les autres peuples du Caucase avec lesquels les Arméniens sont obligés de vivre solidairement pour la paix et la prospérité du pays tout entier.

Ainsi tous les peuples du Caucase, faut-il supposer, feront cause commune avec les Turcs dans la grande œuvre de l'expulsion des Russes du Caucase. Mais les avantages doivent être partagés entre ces peuples et la Turquie aussi amicalement et raisonnablement que possible. Car il n'y a pas un seul peuple du Caucase qui ne soit plus ou moins capable de vivre indépendamment pour son plus grand profit et pour celui de tous ses voisins. Et ce serait une erreur irréparable et qui engendrerait de grands malheurs futurs, si la Turquie venait à se substituer à la Russie et à essayer de convertir le Caucase tout simplement en province ottomane. L'Empire ottoman doit recevoir, comme compensation pour ses efforts et ses dépenses, les parties du Caucase qui lui reviennent de droit, avec le consentement des peuples du Caucase. Mais les peuples du Caucase formant des unités parfaites au point de vue ethnique et historique, il doit leur être réservé le droit de former aussi des corps politiques indépendants pour en constituer ensuite une fédération libre Caucasienne basée sur l'entente libre de ces corps indépendants. Telle est la seule solution possible du problème caucasien après l'expulsion des Russes.

II.

La population caucasienne se compose principalement de quatre éléments qui doivent être pris en considération, lorsque le sort politique du Caucase sera décidé. Ce sont les Géorgiens, les Montagnards, les Tatars et les Arméniens. Les Géorgiens occupent les parties centrale et sud-occidentale du Caucase. Les gouvernements de Tiflis, de Koutaïs, de Soukhoum, de Batoum, et la moitié des gouvernements de Kars et de Zakathala, d'après la division administrative russe, — voilà son territoire historique et moderne aussi, territoire qui a toujours appartenu au peuple géorgien, depuis le commencement de son histoire, et qu'il a défendu à travers les âges les armes à la main. Le nombre de la population géorgienne s'élève actuellement à trois millions : 2 millions et ¹/₂ chrétiens orthodoxes et catholiques, et à peu près 300,000 à 400,000 musulmans. L'histoire politique de la Géorgie — c'est la défense continuelle de ce territoire arrosé par le sang de ses fils, c'est la défense d'une assez haute culture que ce peuple intelligent, travailleur et doué de qualités artistiques, a créée pendant les siècles de son développement. L'indépendance politique, la liberté de vivre d'apres ses habitudes, en confessant librement sa religion et cultivant la littérature, les sciences et les arts dont l'état n'était pas moins inférieur en Géorgie que dans l'Orient grec, — voilà ce qui animait le peuple géorgien, quand il combattait héroïquement ses innombrables ennemis. Établi au Caucase depuis des temps immémoriaux, il a eu à soutenir des luttes acharnées contre ses différents voisins. De ces luttes, il est sorti victorieux. Les légions romaines ont vu aussi la Géorgie à l'époque de Pompée. Après avoir embrassé le christianisme, la Géorgie a été tantôt l'ennemie tantôt l'alliée de l'Empire byzantin et de l'Arménie dans sa résistance contre la Perse masdéiste, qui devenait toujours plus puissante et menaçait même l'Empire byzantin. La religion masdéiste a déclaré une guerre à outrance à la religion chrétienne, qui triomphait déjà en Géorgie, mais celle-là a été aussi vaincue complètement et avec la puissance politique de la Géorgie, indépendante de l'Empire byzantin et de la Perse au Vième siècle, l'église nationale a été organisée avec ses catholicos en tête; cette église est devenue au XIième siècle déjà canoniquement autocéphale et a joué un grand rôle dans le développement de la culture nationale géorgienne. Depuis l'introduction du christianisme déjà aux premiers siècles, la littérature ecclésiastique a été créée en langue géorgienne, et les luttes théologiques et philosophiques n'étaient par conséquent pas étrangères aux intellectuels géorgiens de l'époque; c'est sur ce terrain qu'une littérature théologique et philosophique très riche se développa en Géorgie. Le peuple a commencé à penser et à sentir d'une manière qui lui était propre, et, sous l'influence de la nouvelle religion et de la culture qu'elle apportait, la psychologie nationale venait à se constituer. La peinture, la sculpture, l'architecture, les belles-lettres, les hymnes religieuses, — c'est dans ceci que l'esprit social, l'élan spirituel, l'idéal d'ici-bas et de l'au-delà des Géorgiens s'exprimaient, et quand l'organisation politique et le droit constitué conformément à la culture et à l'état économique et moral du peuple vinrent s'imposer à la vie nationale géorgienne tout entière pour lui donner une régularité parfaite, c'est alors que l'organisme national géorgien commença à vivre comme un être politiquement et socialement achevé. C'était déjà un être conscient de lui-même, qui avait ses buts et ses plans, son désir de vivre librement, sans jamais supporter une domination extérieure, sans jamais échanger son propre patrimoine spirituel contre celui de l'étranger. La Géorgie est devenue ainsi ce que l'on appelle une personnalité historique, qui ne meurt jamais d'une mort naturelle, à moins qu'elle ne soit assassinée brutalement, et qui affirme son individualité jusqu'à son dernier soupir.

Au XIième siècle la Géorgie a été unifiée sous le grand roi-citoyen David II le Constructeur (1089—1125). Si, aux premiers siècles du christianisme, la Géorgie dut soutenir une lutte terrible contre Byzance et la Perse, dont elle est sortie du reste victorieuse, il n'en est pas moins vrai qu'elle n'était pas politiquement unie. Elle était divisée en différentes principautés indépendantes. Pour unifier la Géorgie, les rois Bagratides, dont la race prend son origine à Tao-Klardjethi, soutinrent contre la domination des Arabes une lutte acharnée qui a duré du VIIième au XIIième siècle. C'est David le Constructeur qui a chassé les Arabes de Tiflis en 1122; l'unification de la Géorgie était déjà un fait accompli.

Sous le roi David le Constructeur, la Géorgie a établi sa domination sur tous les peuples du Caucase. C'était déjà un royaume grand et puissant, qui imposait sa volonté à ses voisins, et avec lequel les grandes puissances d'alors étaient obligées de compter. Au XIIième siècle la Géorgie a atteint l'apogée de sa puissance politique et de son développement spirituel et matériel. L'époque de la reine Thamar (1184—1212) est l'âge d'or de l'histoire géorgienne. C'est à l'issue du XIIième siècle qu'elle régnait, et à cette époque glorieuse appartient le grand poète géorgien Chota Rusthaveli, dont le génie a produit le merveilleux poème «Vephkhis tkaosani», — poème qui occupe la même place dans la littérature géorgienne que la «Divina Commedia» dans la littérature italienne, et qui aujourd'hui est récité par cœur par toute la Géorgie aussi fièrement qu'à la meilleure époque de sa puissance et de son bonheur. Une foule de poètes, de théologiens, de philosophes, d'historiens et de savants appartiennent à la période des XIième—XIIième siècles. Une architecture splendide se développa dont les monuments, aujourd'hui en ruine ou encore debout, sont parsemés sur toute la terre géorgienne et provoquent l'étonnement des connaisseurs. Une peinture et une sculpture originales ornaient les églises et les palais géorgiens, dont on peut comparer l'achèvement avec celui de n'importe quel monument artistique de l'Europe de la même époque. Les hymnes religieuses nationales dont les origines très anciennes se rattachent à la musique populaire, aussi compliquée et originale que la langue géorgienne, et qui sont jusqu'aujourd'hui entièrement conservés, étaient les meilleures créations du génie musical du peuple géorgien. L'état unifié et bien organisé avait un code écrit qui était composé d'un ensemble de règles des droits différents qui étaient en vigueur dans les différentes provinces de la Géorgie. Les classes sociales étaient constituées, et il y avait certainement entre elles une lutte acharnée que l'État tâchait d'atténuer. Du moins, c'était le signe d'une vie sociale intense qui se serait transformée et aurait atteint une forme plus haute dans son développement. L'existence de la Géorgie, surtout entre le XIième et le XIIIième siècle, était celle d'un grand royaume civilisé dont le caractère était loin d'être *oriental.* C'était un royaume chrétien non seulement dans le sens religieux, mais aussi dans le sens de la culture et de l'âme particulière que le christianisme porte en lui; sous ce rapport, le peuple géorgien ressemblait et ressemble aujourd'hui encore plus à un peuple sud-européen quelconque qu'à un peuple oriental.

Les flots humains qui ont envahi l'Asie et l'Europe au XIIIième siècle ont emporté aussi la Géorgie dans leur cours irrésistible. L'invasion des Mongols a atteint aussi le Caucase, et la Géorgie, dévastée déjà par le Sultan Djelal-Eddin, qui quitta lui-même Tiflis et périt pendant la fuite, incapable de résister à la force des Mongols, fut submergée dans ces flots terribles avec tout ce qu'elle a créé depuis l'introduction du christianisme jusqu'à la fin de l'âge d'or de son histoire. Son indépendance politique s'écroula à peu près entièrement, sa culture matérielle, son patrimoine spirituel disparurent; la littérature et les arts furent dénaturés, délaissés. Les massacres, non seulement des meilleurs Géorgiens, mais des masses de la population ruinèrent le pays économiquement et moralement. La domination des envahisseurs a duré plus d'un siècle, et l'ombre seulement de l'ancienne Géorgie est sortie de la domination des Mongols. Le pays se divisa politiquement en petites principautés impuissantes, le niveau de la civilisation générale s'abaissa. Au XIVième siècle la Géorgie a réussi à se relever de ses ruines, elle a tenté même de s'unifier politiquement sous le roi Georges V (1318—1346), mais l'ancienne splendeur avait vécu, et la seconde invasion des Mongols, au même siècle, a brisé complètement la puissance de la nation, malgré l'anéantissement de l'armée de Timur par le roi Bagrat V (1369—1395). Le pays retomba de nouveau, sous le roi Alexandre (1413—1444), dans l'impuissance et la division. C'est à cette époque que les Turcs (ceux-ci ravagèrent la Géorgie même depuis leur apparition dans l'Asie mineure, mais la Géorgie fut à ces époques lointaines toujours en état de les repousser et surtout le roi David II leur infligea des défaites sensibles aux XIième—XIIième siècles) et les Persans reprennent leur offensive, et depuis, leurs incursions ils n'ont jamais laissé la Géorgie tranquille jusqu'à la fin de son indépendance politique. Quant

aux fruits de cette politique désastreuse pour la Turquie et la Perse,
nous en parlerons ensuite.

Depuis leur apparition dans l'Asie occidentale, les Turcs firent des
ravages terribles sur le territoire du Caucase et des incursions fré-
quentes dans la Géorgie. Mais ils ne furent jamais en état d'établir
leur domination durable dans ce pays. David le Constructeur en a débarrassé définitivement son royaume, ainsi que des Persans et des Arabes.
A l'époque de l'invasion des Mongols les Turcs et les Persans souffraient
eux-mêmes sous la domination des envahisseurs et ils recherchaient
plutôt l'alliance et l'aide de la Géorgie. Mais depuis la disparition des
Mongols, et surtout depuis la prise de Constantinople par les Turcs et
l'organisation définitive du grand Empire ottoman, la Géorgie commença à avoir un grand ennemi dans l'Asie mineure. Au lieu des ravages byzantins systématiques, ce sont les ravages turcs qui sont devenus un fléau de Dieu pour les Géorgiens. La différence de religion,
qui jouait surtout à ce temps-là un rôle plus grand qu'actuellement,
aggrava davantage l'état lamentable de la Géorgie. En même temps, la
Perse redevenait puissante. Au XIVième siècle, quand la Géorgie était
de nouveau unie, ses ennemis ne pouvaient pas l'humilier aussi facilement, mais l'invasion de Tamerlan, qui ravagea la Géorgie pendant
20 ans, et la division définitive du royaume en petites principautés
mirent les Turcs et les Persans en état de torturer littéralement la
Géorgie jusqu'à la fin de son histoire politique. Pour leur action, les
Turcs et les Persans divisèrent la Géorgie en deux parties. La Géorgie
orientale et sud-orientale revint aux Persans, la Géorgie occidentale et
sud-occidentale aux Turcs. Au XVième siècle les Turcs commencent à
pénétrer et à s'établir en maîtres sur la côte géorgienne de la Mer
Noire. La *musulmanisation* forcée de la population chrétienne commence
déjà partiellement. Au XVIième siècle, la musulmanisation devint plus
intense, et au cours des XVIIième et XVIIIième siècles, elle fut poursuivie
d'une façon systématique sous peine d'incendie, de mort, de vente en
esclavage ; de l'autre côté, les Persans ravagent la Géorgie orientale
aussi au cours des XVième et XVIIième siècles, forcent les nobles et même
les rois de trahir la religion de leurs pères. Et ce système d'exter-
mination de la nation géorgienne se couronne par l'invasion en 1614
de Chah-Abaz I, roi de Perse, qui a massacré plus de 100,000 Géorgiens pacifiques, après la défaite de l'armée géorgienne, et a déporté
encore plus de 100,000 Géorgiens en Perse, où les descendants de ces
deportés sont établis aujourd'hui au Féréïdan, une des plus lointaines
provinces de la Perse, et parlent le vieux géorgien de l'époque de
leur déportation. Quelques années après Chah-Abbaz dévasta la

Cathédrale de Koutaïs (Xme siècle), détruite en 1691.

Géorgie pour la seconde fois, et ce ne fut que le génie stratégique de Georges Saakadzé, le grand chancelier de la Géorgie (Didi Moouravi), qui sauva le pays de la destruction complète. En 1617, il anéantit complètement les armées de Chah-Abbaz et lui a porté un coup si décisif que le roi de Perse n'a jamais été en suite en état de reprendre la tâche infernale de détruire complètement la Géorgie, tâche qu'il jura d'accomplir malgré tous les obstacles. A la même époque, les Turcs continuaient toujours à dévaster la vice-royauté géorgienne de Samtzkhé-Saatabago, c'est-à-dire la Géorgie méridionale et sud-occidentale. Ils ont détruit tous les grands monuments du christianisme, jeté à terre les cathédrales somptueuses d'un art merveilleux et contenant des richesses innombrables; les ruines de ces cathédrales se dressent encore aujourd'hui fièrement dans les districts d'Akhal-Tzikhé, Akalkalaki, Chawchethi, Tao-Klardjethi, etc., rappelant un passé glorieux, le passé de la haute civilisation et de la culture de jadis, disparues maintenant dans la barbarie et l'ignorance de la population qui succéda aux concitoyens de Chawtheli, de Grégoire de Khantztha, de Rusthaveli, etc. Vardzia, Sapara, Kumurdo, Bana, Zarzma, et des dizaines d'autres monuments du passé de ces provinces témoignent de ce que ce pays était jadis et de ce qu'il est devenu maintenant.

Et cela n'est rien encore. C'est le retour à la barbarie du peuple tout entier qui est le phénomène à constater dans ces provinces, — retour causé par le changement forcé de la religion qui était nationale pour la Géorgie et associée pour ainsi dire avec son âme entière — l'âme qui se développa sur la base de cette religion embrassée par le peuple géorgien avec la culture occidentale que la religion chrétienne apporta avec elle. C'est à la nationalisation de l'église géorgienne et à son indépendance complète qu'il faut attribuer le grand rôle que cette église a joué dans le processus du développement intellectuel de la Géorgie. Déjà depuis le VIIIième siècle, des monastères magnifiques se construisent en Géorgie. Ils étaient les foyers de l'instruction et de la science grecque pour la Géorgie ; les clercs zélés de ces monastères en fondèrent d'autres aussi à l'étranger, à Jerusalem, au Mont Sinaï, au Mont Athos, en Roumélie, etc., qui sont devenus aux XIième et XIIième siècles, surtout le monastère du Mont Athos, de grandes académies auxquelles les empereurs byzantins eux-mêmes ne dédaignaient pas de confier leurs fils pour les faire instruire « en langue géorgienne ». Les grands théologiens et commentateurs, les meilleurs traducteurs des Saintes Écritures et des philosophes grecs sont sortis de ces académies. Il y avait une pléiade d'écrivains géorgiens des XIième et XIIième siècles dont Georges Mthatzmindeli du Mont

Athos et Jean Petritzoneli de Petritzonisi (en Bulgarie, Batschkowo) sont les plus grands représentants. L'influence morale et spirituelle de la religion chrétienne sur le peuple géorgien ne se mesurait pas par la supériorité des dogmes chrétiens sur les dogmes des autres religions, mais par le caractère national de l'église organisée qui est devenue une institution nationale géorgienne — une des plus importante parmi toutes les autres.

Voilà pourquoi le changement forcé de religion, en provoquant la désorganisation et la disparition de notre église dans les provinces géorgiennes conquises par les Turcs, fut désastreux pour ces provinces. Tout disparut — l'architecture créée par l'esprit populaire, exaltée par la foi ardente, les arts cultivés sous l'influence de Byzance et de l'occident, dont la culture était basée sur la même religion, l'enseignement en langue géorgienne, qui était la langue propre de la nation, avec un alphabet dont les origines remontent à plusieurs siècles avant notre ère, l'histoire du passé qui n'était qu'une lutte éternelle pour la défense de la nationalité et de la religion. Les habitants de Meskhethi, de Chavchetti, d'Adjara, etc. ne devaient plus écrire en géorgien, ne devaient plus cultiver cette langue sublime, dont le grand Petritzoneli se servait si merveilleusement pour exprimer les pensées philosophiques les plus profondes, pour se débrouiller dans les subtilités métaphysiques de la philosophie néo-platonicienne, après avoir créé une terminologie philosophique géorgienne aussi exacte que la terminologie grecque. La poésie de Rusthaveli était à jamais perdue pour la vieille race de Mechekh dont Rusthaveli était le fils et qui n'a pu plus jamais engendrer un autre génie qui égalât Rusthaveli. Ne pouvant plus ni prier en langue géorgienne, ni l'employer comme langue littéraire et scientifique, les Géorgiens musulmans l'ont conservée comme langue maternelle, il est vrai, mais seulement en famille. Ainsi la langue cessa de se développer, et ce n'est qu'un dialecte géorgien corrompu qui est parlé actuellement dans ces provinces. L'histoire glorieuse de Samtskhé-Saatabago s'arrêta au moment où le christianisme cessa d'exister. Le peuple devait oublier son passé, les générations suivantes ont rayé de leur mémoire ce passé ; mais, comme nous venons de le dire, le peuple conserva tout de même sa langue maternelle qui le distinguait de ses maîtres, et c'est là qu'était et qu'est actuellement aussi la tragédie de leur âme : qui sont-ils ? — Gurdjis ; — quel est leur passé ? d'où viennent-ils ? quelle est leur histoire ? — ils ne le savent pas, ou ils ne doivent pas le savoir, et pourtant ils ont été quelqu'un, trois ou quatre siècles auparavant, et ils ne sont pas non plus identiques à ceux qui les ont réduits à leur état actuel ! ... Une conscience déterminée par un tel état psychologique ne doit pas être très claire, et elle est vraiment obscure, cette conscience, chez les individus même les plus instruits parmi les musulmans géorgiens. Et pourtant ils ont soutenu une lutte acharnée de plus de trois siècles pour ne pas retomber dans cet état déplorable. Ils ont été vaincus jusqu'à ne plus même savoir que leurs aïeux soutenaient cette lutte pour ne pas retomber dans la barbarie.

Oui, cela, c'est un retour à la barbarie complète, et c'est contre cela que le reste de la Géorgie lutta désespérément pendant tout le reste de son histoire, à partir du XVIième siècle jusqu'à la perte de son indépendance politique. C'est cette situation désespérée qui a réduit la Géorgie à appeler au secours les Européens. La Géorgie était la seule puissance indépendante chrétienne, quoique petite, dans tout l'orient musulman. — Les invasions des Turcs et des Persans devinrent continuelles, presque chaque année une partie quelconque de la Géorgie était dévastée et la population massacrée ou vendue en esclavage. Nos voisins, même les plus proches — les Lesgues, les Circassiens et les autres montagnards musulmans commencèrent à piller la Géorgie, et pendant tous les XVIIième et XVIIIième siècles le paysan géorgien était obligé de travailler avec la bêche et l'épée à la main pour être sûr contre l'incursion des brigands lesgues ou tchetchènes.

Le tribut des jeunes filles et des jeunes garçons que les Turcs et surtout les Persans imposaient à la Géorgie dépeuplait et démoralisait la nation. Beaucoup de Géorgiens, complètement démoralisés et dépravés, se firent une profession de la vente des femmes et des enfants aux Turcs, malgré la défense sévère de l'église et de la loi. A Poti, dont les Turcs étaient possesseurs, il y avait le grand marché où l'on vendait des femmes et des enfants géorgiens comme du bétail. Le changement forcé de la religion gagna du terrain et il atteignit déjà les confins de la Gourie.

Il est vrai qu'à partir du XVIIIième siècle, grâce au génie du roi Iraklius II, la Géorgie orientale est devenue encore une fois puissante. Dans ses nombreuses expéditions militaires, Iraklius battit beaucoup de fois les Persans et les Turcs et a mis définitivement fin à leurs ravages. Pendant son long règne (1760—1798), la Géorgie renaquit de ses ruines. La puissance politique, la sûreté contre les Persans, les Turcs et les montagnards favorisèrent la renaissance des sciences et des arts, qui commença déjà sous le règne du roi Vakhtang VI (1703—1737); la littérature reprit un nouvel essor, et il paraissait que l'époque des « Temps noirs » (c'est ainsi que l'époque des invasions a été désignée par les Géorgiens) était passée. Le génie d'Iraklius était bien connu aussi en Europe, et

Voltaire et l'Impératrice Catherine II s'entretinrent maintes fois de lui dans leurs correspondances ; le roi Frédéric le Grand disait souvent : « moi, en Europe, et le vaillant roi Iraklius, en Asie ». En 1783 Iraklius a conclu avec l'Impératrice de toutes les Russies Catherine II un traité d'alliance, d'après lequel la dynastie et l'autonomie de la Géorgie devaient être respectées. La Géorgie concédait, de son côté, le droit d'investiture aux empereurs russes et renonçait au droit de traiter indépendamment avec les ambassadeurs de la Turquie et de la Perse. Par ce traité la Géorgie devint un état mi-souverain*). Au commencement, Iraklius ne voulait rien avoir à faire avec les Russes. Il a envoyé ses ambassadeurs en Autriche et en Prusse pour demander leur protectorat, mais en vain ; ni la Prusse, ni l'Autriche ne s'intéressaient à cette époque à la Géorgie et au Caucase. Les ambassadeurs géorgiens ne purent même atteindre les cours des souverains de Prusse et d'Autriche. Il ne restait que la Russie à laquelle il pouvait demander secours. De l'autre côté, dans la Géorgie occidentale, le roi Salomon le Grand (1752—1782) d'Imérétie accomplissait la même œuvre d'agrandissement de son royaume que le roi Iraklius II dans la Géorgie orientale. Il a dompté les princes qui étaient toujours en révolte, a défait les Turcs et les a forcés de ne plus ravager les provinces géorgiennes. Mais la mort de Salomon, d'une part, et la vieillesse d'Iraklius, de l'autre, l'incapacité de leurs fils et aussi les intrigues intérieures qui dévoraient la Géorgie à cette époque de décadence générale, décidèrent du sort de ce pays. Les ennemis voyaient bien que des deux lions, défenseurs de la Géorgie, l'un était mort, et l'autre vieux. Agha-Mohamed-Khan, roi de Perse, enragé contre le roi Iraklius à cause du traité conclu par lui avec la Russie, qui aurait menacé ensuite aussi la Perse, venait envahir la Géorgie (1795). Le vieux roi, trahi par ses généraux, a rencontré avec sa garde le chah de Perse à Krtzanisi, près de Tiflis. Son petit-fils, Salomon II, roi d'Imérétie, était aussi là avec sa petite armée. Le général Tseretheli, qui commandait l'armée imérétienne, le trahit aussi et retourna en Imérétie avec plus de moitié de son armée. Malgré cela, c'est avec une poignée d'hommes que le vieux stratège a battu Agha-Mohamed-Khan, qui prit la direction de la Perse, croyant qu'Iraklius avait une grande armée avec lui. Mais quelques traîtres**) avaient emmené secrètement les Persans à Tiflis, d'où le roi ne put échapper qu'a grand' peine, et Tiflis fut brûlé, anéanti jusqu'à ses fondements. Mais c'était la dernière fois que Tiflis

---

*) Voir l'annexe II.

**) On dit que l'organisateur de cette trahison était le « maire » de Tiflis lui-même, un arménien, Dartcho Bebuthachwili.

devait subir un sort pareil, parce que l'entrée des Russes avait déjà été
résolue définitivement par le roi Iraklius. Il n'y avait pas d'autres moyens.
Le congrès convoqué à Tiflis, où tous les représentants de différentes
principautés géorgiennes étaient présents pour discuter la question de
la réunion de toute la Géorgie sous un même sceptre, n'a aussi abouti
à rien, tant étaient forts les dissentiments entre les membres de la famille
royale et les princes régnants, tant étaient déjà grandes également la décadence et la faiblesse de la Géorgie.

Après la mort du roi Iraklius, en 1798, son fils Georges XII monta
sur le trône de la Géorgie orientale. En Imérétie régnait le roi Salomon II.
Les Turcs et les Persans ayant appris que le protectorat russe en Géorgie
était une chose décidée ne manquèrent pas d'envoyer des agents diplo-
matiques pour empêcher l'établissement de ce protectorat, en faisant des
promesses immenses à la Géorgie. Les Géorgiens, toujours déçus à
travers les siècles, ne voulurent rien croire de ces promesses, et le roi
Georges XII conclut en 1799 un traité du protectorat avec l'Empereur de Russie Paul Ier. D'après ce traité, la Géorgie devenait un état
vassal de la Russie*). Les deux souverains sont morts presque en
même temps avant de ratifier le traité. Mais le successeur de Paul Ier,
l'empereur Alexandre Ier, par son manifeste impérial de 1801, déclara
la Géorgie déjà *annexée* à la Russie. C'était le premier acte de violation de nos traités; les ambassadeurs de Géorgie à Pétersbourg protestèrent et quittèrent immédiatement la capitale russe, mais les armées
russes commençaient déjà à entrer en Géorgie, et, l'autorité russe trou-
vant plusieurs partisans en Géorgie, dont les uns préféraient la domination russe à la domination turco-persane, et les autres furent tout
simplement vendus au gouvernement russe, l'histoire terrible de l'asservissement de la Géorgie et du Caucase entier par les Russes commença.

Les Géorgiens s'aperçurent aussitôt qu'il ne fallait absolument rien at-
tendre de promesses solennelles que les Russes leur avaient faites dans les
traités de 1783 et de 1799 et aussi dans les manifestes impériaux. Dès leur
entrée en Géorgie, ils procédèrent à la suppression systématique des institutions nationales géorgiennes. Après le règne de quelques mois de David,
fils de Georges XII, les représentants de la dynastie ont été tout simplement
arrêtés et envoyés en Russie, au lieu que l'héritier légitime d'Iraklius II ou
de Georges XII montât au trône. L'Église, autocéphale depuis des siècles,
a été privée de son indépendance et de ses biens; le catholicos a été aussi
arrêté et envoyé en Russie; le Synode russe devait dès maintenant diriger
les affaires ecclésiastiques géorgiennes. Le droit géorgien cessa d'être

---

*) Voir l'annexe III.

en vigueur; la langue géorgienne a été chassée des écoles laïques et ecclésiastiques, des tribunaux et de toutes les autres institutions. Dans la Géorgie occidentale, lorsque le roi Salomon II ne voulut pas se soumettre volontairement, les Russes commirent des atrocités terribles contre les habitants, le clergé, la noblesse et les représentants de la dynastie. Pendant plusieurs années le roi résista héroïquement à l'invasion russe, mais voyant que tout était fini, il s'enfuit en Turquie et finit ses derniers jours à Trébizonde, où l'on montre son tombeau, aujourd'hui encore, dans la cour d'une église grecque. Deux archevêques furent étranglés à Koutaïs, mis dans un sac et enterrés quelque part dans les montagnes. Leurs tombeaux même sont perdus. Des corvées et des impôts écrasants ont été imposés au peuple géorgien. Partout ont été installés des fonctionnaires corrompus et voleurs qui insultaient et dévalisaient la population. La brutalité et l'insolence des militaires allaient jusqu'à la violation des femmes. Les temps des invasions revenaient toujours pour la Géorgie ; et exaspéré, trompé même par les « coreligionnaires » appelés pour la protection contre les envahisseurs, le peuple géorgien prit encore une fois les armes contre ses alliés d'hier. Une époque de révoltes terribles commença en Géorgie. La révolte des montagnards géorgiens de 1804, la révolte de 1812 en Kakhétie, puis en Imérétie, en Gourie, en Mingrélie, Svanétie, Abkhasie, — tout cela ensemble constitue une lutte acharnée que la petite Géorgie a soutenue contre la Russie pendant le XIXième siècle pour la défense de ses droits foulés aux pieds par les Empereurs russes, parjures et infidèles à leur « parole impériale ». Mais tout était vain. Un peuple devenu petit et épuisé par les luttes séculaires ne pouvait plus résister à un grand empire qui envoyait une armée régulière. Les révoltes ont été noyées dans le sang, et à la fin de la lutte nous avons obtenu: au lieu de la conservation de la dynastie, garantie par le traité de 1783 — les vice-rois et les gouverneurs-généraux russes, maîtres absolus de la Géorgie et du Caucase ; au lieu de l'église autocéphale — les exarques nommés par le Saint-Synode, corrompus, voleurs des biens de l'église géorgienne; au lieu de la milice nationale — le service militaire obligatoire, grâce auquel les soldats géorgiens revenaient tous tuberculeux ou syphilitiques des départements russes les plus éloignés, où on les envoyait intentionnellement ; au lieu de la jurisprudence géorgienne qui correspondait à la structure sociale du pays — le droit russe qui fortifiait encore davantage le servage, donnait infiniment plus de privilèges à la noblesse et volait aux paysans les biens communaux ; au lieu de la monnaie nationale — la monnaie russe ; au lieu du « gouvernement suprême de la Géorgie », garanti par les manifestes impériaux — le fonctionnarisme russe, dont la valeur et la qualité morale sont connues dans le monde entier ; au lieu de la langue géorgienne dans toutes les institutions — la langue russe partout, une langue absolument étrangère au peuple géorgien ; au lieu de l'école géorgienne — l'école russe qui abrutit les enfants géorgiens pendant un siècle. Voilà ce que « la parole impériale » des augustes souverains russes a apporté à la Géorgie ; et malgré tout cela les Russes ont toujours l'insolence de se poser en sauveurs des Géorgiens, en exigeant pour cela la fidélité au gouvernement et au trône des Tzars !

En même temps un phénomène déplorable se produisait toujours, comme si les Russes n'avaient jamais pris pied au Caucase ! Les montagnards musulmans continuaient à être nos ennemis mortels. C'est leur inconscience qui a réduit les Géorgiens à offrir à la couronne russe, comme un cadeau splendide, le Caucase entier. Tout en étant convaincus que les Russes les ont trompés de la manière la plus ignominieuse, il y avait beaucoup de Géorgiens qui considéraient comme un acte patriotique d'aider les Russes dans la grande tâche de la conquête du Caucase et de l'affaiblissement de la Turquie et de la Perse. Qu'on ajoute à cela que les Russes cajolaient au commencement de leur domination en Géorgie les nobles géorgiens, en leur donnant les hautes fonctions civiles et militaires, et on peut s'expliquer alors facilement ce phénomène étrange que les Géorgiens s'associassent aux armées russes pour conquérir le Caucase, pour battre la Perse et la Turquie, pour reprendre à cette dernière les anciennes provinces géorgiennes, musulmanisées jadis par les Turcs. Et en effet, grâce au nombre et au courage de la milice géorgienne, grâce aussi aux généraux géorgiens, les Russes parvinrent enfin à dominer le Caucase et à chasser entièrement les Turcs de ses confins. Les noms des généraux Djandieri, Tchavtchavadze, Loris-Melikoff *), Amilakhvari, Amiradjibi, etc. ne sont pas inconnus dans l'histoire de la lutte des Russes contre la Turquie et les montagnards du Caucase.

Et, au lieu de satisfaire aux revendications du peuple géorgien et de récompenser la nation pour tant de sang versé, le gouvernement russe aggravait toujours sa situation. Un régime de la terreur régna en Géorgie pendant un siècle entier. La persécution de la langue qu'on a tâché d'expulser même de l'église, mais en vain d'ailleurs, la colo-

---

*) Le fameux Loris-Melikoff n'était Arménien que par la confession ; il avait été élevé en Géorgie, avait le titre de la noblesse géorgienne ; sa langue maternelle était le géorgien et il participait à toutes les affaires nationales géorgiennes.

4

nisation russe en Géorgie en vue de russifier les paysans géorgiens même, la persécution de la presse géorgienne, l'envoi en Sibérie de tout individu qui osait prononcer quelques paroles contre l'injustice cruelle dont le pays était la victime, et toutes les brutalités inquisitoriales dont les Russes sont capables, se sont abattues sur la tête de la nation géorgienne. La ruine économique du peuple surtout a dépassé toutes les mesures, les terres géorgiennes étant confisquées par l'état et distribuées aux colons russes, arméniens, grecs, etc., tandis que le paysan géorgien n'avait pas suffisamment de terre pour nourrir sa famille sur son propre territoire qu'il a défendu pendant des milliers d'années contre l'invasion de toutes les hordes de l'Asie.

Mais la conscience nationale se fortifiait davantage. Les révoltes susmentionnées, écrasées d'ailleurs impitoyablement, n'étaient pas les seuls actes de protestation de la part du peuple géorgien. Un travail immense au sein de la société géorgienne se produisait. Une nouvelle littérature, riche et constituant une variation organique du développement de l'ancienne littérature géorgienne, était née au XIXième siècle. L'esprit *non-oriental* et libre de notre peuple se manifesta dans cette littérature. La presse a fait son apparition, où l'on discutait les différents problèmes scientifiques, littéraires, artistiques, sociaux. Un publicisme sobre se développa, animé par toute une pléiade de publicistes instruits en Europe et en Russie, dont plusieurs étaient doués d'un talent égal à celui de n'importe quel grand écrivain russe ou même européen. Des savants de nationalité géorgienne occupèrent des chaires dans les universités russes. Un physiologiste comme Tarkhanoff, des chimistes comme Petrieff et Mélikoff, des philologues et historiens comme Tsagareli, Marr et Djavakhoff, etc. peuvent faire l'honneur à n'importe quelle université russe ou même européenne. Et quelques-uns de ces savants montrèrent leur activité scientifique non seulement en Russie, mais aussi en Géorgie, dans leur langue maternelle, pour aider et guider les savants géorgiens qui travaillaient dans le pays dans le seul intérêt de la science nationale, n'ayant ni université, ni école supérieure quelconque en Géorgie, pour y professer leurs sciences. Les Russes ne nous auraient jamais permis de fonder une université géorgienne à Tiflis. Ils n'ont jamais voulu fonder, dans notre capitale, même une université russe. La politique de russification a échoué misérablement malgré la terreur des gendarmes russes et la persécution des inquisiteurs du gouvernement des Tzars. Elle se brisa sur la force nationale qui n'a pas été entièrement épuisée par des malheurs séculaires dont la nation a toujours été la proie. La Géorgie, « l'éternelle croisée » (c'est sous ce nom que cette nation est connue dans l'histoire) se relevait de ses cendres, et là où chantaient Barathachvili, Orbeliani, Tseretheli et les autres maîtres de la poésie, là où écrivaient Nicoladzé et Tchavtchavadzé, là où l'esprit surtout de N. Barathachvili planait et plane aujourd'hui encore au-dessus de la terre natale — la dénationalisation et la russification n'ont jamais pu ériger leur siège. Les Russes s'en aperçurent et, avec plus d'énergie encore, ils tâchèrent d'étouffer la renaissance géorgienne. Les Géorgiens protestèrent, comme un peuple conscient de lui-même et fier peut protester. On n'a qu'a se rappeler la tragique fin de Dimitri Kipiani, le maréchal de la noblesse géorgienne, qui a osé élever sa voix contre l'exarque russe Paul. Celui-ci a maudit publiquement la nation géorgienne de l'autel de notre cathédrale de Sion à Tiflis à l'occasion d'un assassinat commis par un séminariste géorgien qui avait tué le recteur du séminaire, nommé Tchudnovski — un vrai inquisiteur, d'ailleurs, qui a bien mérité d'être éloigné du milieu géorgien. Kipiani a ordonné à l'exarque de quitter immédiatement la Géorgie, le pays que lui, l'archevêque supérieur, maudissait si injustement. Par l'ordre du gouvernement Kipiani a été déporté à Stavropol. Un moine russe déguisé pénétra une nuit dans la demeure du vieillard et, avec une barre de fer, il lui fracassa la tête, lâchement, lorsque le vieillard était endormi dans son lit. Ce crime abominable, commis en 1887, a provoqué dans toute la Géorgie une indignation générale, et les obsèques du maréchal ont été accompagnées par des manifestations violentes dans tout le pays et surtout à Tiflis.

Il faudrait écrire des volumes pour raconter l'histoire du développement de la Géorgie pendant le XIXième siècle. Nous nous bornerons ici à dire que non seulement la littérature, les arts et les sciences ont pris un nouvel essor pendant cette période, non seulement les Russes ne réussirent pas à étouffer la conscience nationale, qui se fortifiait toujours, malgré la politique de russification, mais que la Géorgie a fait aussi des progrès économiques considérables. L'abolition du servage en Russie libérait aussi le paysan géorgien qui a déployé une activité vraiment admirable en agriculture. La production du vin, des fruits, de la soie, du tabac, du fromage, du maïs, etc. s'augmenta énormément pendant cette période et permit au peuple d'élever de beaucoup son état de culture générale. L'industrie, surtout métallurgique, se développa, à cause des richesses minérales énormes que le sous-sol de la Géorgie contient. On n'a qu'à mentionner l'industrie du manganèse dont des millions de tonnes s'exportent annuellement dans le monde entier, la plupart des propriétaires et des exploiteurs de mines étant géorgiens; il faut mentionner aussi l'exploitation du cuivre, du charbon, etc. Les chemins de fer qui traversent la Géorgie dans maintes directions, facilitent l'activité économiqne du peuple et sa participation à la culture développée dans les villes. Un besoin de vivre *à l'européenne* et surtout d'être instruit, est né en Géorgie, et il a même dépassé les limites du nécessaire, puisqu'il y a chez nous plus de gens ayant une instruction universitaire qu'il n'en faut pour un petit pays, comme la Géorgie. Un intellectualisme exagéré est devenu même nuisible au point de vue économique, les forces des intellectuels raffinés par la philosophie et la science pouvant être employées dans les industries et le commerce avec plus de profit pour le pays.

Et tout cela a engendré dans la société géorgienne un phénomène qui la rapproche de l'Europe et qui est un signe de la vitalité de la nation et de sa capacité d'élaborer une forme plus haute de la vie sociale. Les contradictions de classes dans les villages et dans les villes s'accentuèrent d'une manière très aiguë. Les restes de l'ancienne féodalité et l'exploitation du paysan par le noble, propriétaire du sol, d'un côté, et, de l'autre, l'asservissement du travail par le capital — voilà les nouveaux maux contre lesquels la nation géorgienne a engagé une lutte énergique, surtout pendant la seconde moitié du XIXième siècle, et par cela, la Géorgie entra, pour ainsi dire, dans la famille des sociétés européennes. Les idées socialistes apparurent et se répandirent dans les villages et dans les villes. Une littérature socialiste, une presse socialiste, plusieurs partis représentant les divers courants socialistes sont nés en Géorgie, et, depuis leur apparition, ils jouent un rôle immense dans la vie morale, intellectuelle et matérielle du pays.

La Géorgie se préoccupait ainsi, dans le cours du siècle passé, de la solution de deux problèmes — l'un social, l'autre national; l'esprit du peuple était déjà aiguisé par la discussion continuelle de ces problèmes, et la lutte de classes et des partis avait déjà pris une forme définitive, lorsque la révolution de 1904—1905 éclata dans tout l'empire russe. Le peuple géorgien l'a reçue, préparé et conscient de chaque acte révolutionnaire qu'il allait accomplir. Et, vraiment, on peut dire sans exagération que le peuple géorgien a été le seul qui a compris la révolution, son essence même, pendant le grand mouvement de 1904—1905. Dans la Russie proprement dite, et un peu partout, on brûlait les châteaux des nobles, on dévastait les fabriques et les usines, on tuait de hauts personnages du gouvernement et de l'administration, on faisait des grandes manifestations qui finissaient, d'ailleurs, toujours par le massacre des manifestants; mais l'activité créatrice, l'organisation d'une vie nouvelle n'ont pas suivi ces actes violents. En Géorgie, au contraire, il est vrai qu'il y avait des excès, des actes violents qui ne peuvent pas être évités pendant une révolution, mais cela n'était pas un trait caractéristique de la révolution géorgienne. Le peuple géorgien a compris le sens et le but de la révolution. Une révolution, c'est la tentative de transformer l'ancien ordre en un nouveau, conçu d'avance ; c'est la réalisation de l'idéal social qu'on propage depuis des dizaines d'années, c'est le remplacement des vieilles institutions par de nouvelles qui conviennent mieux à l'esprit nouveau, aux derniers besoins du peuple qui a rompu les chaînes de l'esclavage et marche vers la liberté rêvée. Une révolution — ce n'est pas seulement une série d'actes destructifs, mais avant tout une grande œuvre créatrice qui régénère la vie sociale, morale, politique et économique tout entière. Et, en effet, on ne se contenta pas, en Géorgie, d'avoir tué quelques grands propriétaires fonciers qui réduisaient les paysans à une misère affreuse, ou quelques mouchards, ou quelques gouverneurs-généraux connus par leur brutalité — c'étaient des phénomènes accessoires, quelquefois peut-être nécessaires pendant une révolution —, mais on a chassé de *chaque village* l'administration, la police et la justice russes, en organisant immédiatement dans chaque commune la police, l'administration, et les tribunaux populaires. On a repris les terres aux nobles, qui ne travaillaient jamais eux-mêmes, mais cédaient ces terres aux paysans, en leur imposant un fermage écrasant. Le principe que la terre doit appartenir à celui qui peut et veut la cultiver, était réalisé en Géorgie en 1905—1906. On a puni et effarouché la prêtraille dépravée qui scandalisait la religion et volait le peuple. On a fixé un salaire aux prêtres selon leur travail et selon les moyens de quiconque avait besoin d'eux. On a forcé les fabricants à augmenter le salaire de l'ouvrier à un taux normal qui pût lui permettre de mener une vie humaine. On revendiquait une assemblée constituante dont les membres eussent été élus par le suffrage universel et qui créât une constitution basée sur les principes de liberté et d'égalité. On aspirait, enfin, à une république qui donnât toutes les garanties de développement intégral à tous les citoyens égaux. — Mais, en même temps, les partis se battaient pour les dogmes et pour les principes. Tandis que les socialistes démocrates aspiraient à la transformation de l'empire russe tout entier en une république centralisée, les socialistes fédéralistes prêchaient la fédération libre entre tous les peuples de la Russie, la division de la grande République future en plusieurs états autonomes. L'union de ces deux partis ne se réalisa jamais pendant la révolution, et ce fut une des causes de la défaite de la révolution géorgienne. Au moment même du combat contre l'ennemi commun, les Géorgiens n'étaient pas unis. Aussi, malheureusement, après que le mouvement révolutionnaire fut écrasé en Russie même, la Géorgie, la Pologne et les autres pays non russes ont subi un sort infiniment plus terrible que la Russie elle-même. On a noyé dans le sang le mouvement. Les villes et les villages entiers brûlés et détruits à coup de canon, les milliers d'individus pendus, fusillés et déportés en Sibérie, les femmes violées — voilà ce que la réaction russe a apporté à la Géorgie. L'ancien régime autocratique a été remplacé par un régime de terreur qui dure jusqu'à nos jours, malgré la soi-disant « constitution » avec laquelle la Russie a trompé l'Europe et le monde entier. Partout, dans les villages et dans les villes, c'est une provocation systématique dont la population est la victime. Les gouverneurs, les chefs de district, les commissaires de police et les gendarmes ruraux sont directement associés avec les brigands qui sont payés par ces « autorités » pour faire des « coups ». Après un « coup » quelconque commis par un brigand — vient « l'exécution », cela veut dire le séjour de quelques jours de toute la bande administrative dans cinq ou six villages pour rechercher les brigands. Les paysans, ruinés par l'orgie des gens du gouvernement, sont obligés, enfin, de leur donner une forte somme d'argent pour se débarrasser de cette invasion, et le siège est ainsi levé. Les brigands ne sont jamais trouvés. On pend toujours des innocents au lieu des vrais brigands qui reparaissent tranquillement ensuite chez un « pristav » ou « ouyezdny-natchalnik » pour lui apporter une partie de butin de leur brigandage. Partout, dans toute la Géorgie, même dans les villes, le peuple est victime de ce système inouï, et même l'enlèvement des enfants des riches à seule fin de leur demander ensuite une rançon ne se fit jamais sans que le coup n'eût été organisé par les policiers, les officiers, les agents de la sûreté et même par le chef de la sûreté, comme c'était le cas, par exemple, à Tiflis, lorsqu'on a enlevé le fils d'un certain richard Jousbachew qui a payé 50,000 roubles pour racheter son enfant! Quant à la persécution des écoles, de l'église et de tout ce qui constitue le patrimoine national de la Géorgie, la Russie a manifesté sous ce rapport naturellement plus d'énergie après la révolution qu'elle ne l'a fait avant. Elle a même ourdi un plan infernal pour enlever au peuple son territoire, défendu par lui pendant des siècles. En profitant de la crise économique parmi la noblesse, le gouvernement voulait s'emparer, au moyen d'habiles opérations de banque, des biens de la noblesse pour faire coloniser ensuite les terres géorgiennes par les paysans russes. Heureusement ce plan du gouvernement n'a pas eu beaucoup de succès, car les paysans géorgiens rassemblèrent leurs derniers sous et achetèrent les terres de la noblesse qui profita de l'occasion et s'empressa fiévreusement de se débarrasser de ses domaines mal administrés.

Les forfaits du gouvernement russe et de ses représentants en Géorgie sont indescriptibles, incroyables, innombrables. La place nous manque ici pour donner une description détaillée du système du gouvernement inauguré par les Russes au Caucase, depuis leur apparition. Pour s'en débarrasser, les Géorgiens recoururent à tous les moyens pacifiques et violents, qui n'ont donné, d'ailleurs, aucun résultat. En 1907, lorsque toute la Géorgie portait le deuil de ses enfants pendus, fusillés, déportés en Sibérie et violés, lorsque des dizaines de villages et de villes étaient réduits en cendres, brûlés et détruits à coup de canon pendant la réaction qui succéda à la révolution de 1904—1905, la nation géorgienne présenta une pétition signée par tous les Géorgiens sans distinction de classe, à la conférence de la paix à la Haye*). La pétition portait à la connaissance de l'Europe les actes de barbarie commis en Géorgie par le gouvernement du Tzar et demandait au nom de la justice et du droit international de forcer la Russie de respecter le traité de 1783 violé par elle, et de rendre à la Géorgie l'autonomie supprimée cruellement, en dépit du droit et de la justice. La pétition a été lue par les représentants des États, mais elle n'a pas été discutée, n'ayant pas été inscrite d'avance dans le programme de la conférence.

Dès lors, les persécutions russes s'accentuèrent encore davantage. A peine peut-on respirer en Géorgie. Le peuple courbé sous le fardeau du travail et aussi sous l'exploitation et le brigandage des administrateurs russes est dans un état désespéré. L'action des Géorgiens qui travaillent à soulager si peu que ce soit le sort du peuple est paralysée par une police et une justice tracassières. Les Géorgiens préféreraient se soulever et mourir en combattant que de supporter cet esclavage abominable, cette humiliation qu'ils n'ont pas méritée, cette torture infernale qu'ils subissent surtout ces dernières années. Fiers et guerriers qu'ils sont, les Géorgiens armés sont à redouter. Les Russes en ont fait l'expérience, et ils ont réussi, en effet, à désarmer complètement la population, après avoir perquisitionné chaque maison géorgienne et chaque lieu suspect dans les villes et dans les villages.

La guerre actuelle est l'unique espoir de la Géorgie. Les Géorgiens ont des sympathies sincères et grandes pour les Allemands. C'est de l'Allemagne que la libération de la Géorgie doit venir. La Géorgie ne demande pas sa libération sans sacrifices. C'est en combattant l'ennemi cruel et détesté qu'elle veut être libre, pour bien mériter sa liberté. On verra peut-être encore une fois que les descendants de ceux qui ont combattu dans les rangs de Georges Saakadzé et du roi Iraklius ne reculeront pas non plus aujourd'hui devant l'ennemi. Dans la guerre actuelle, le soulèvement d'Adjara et des autres provinces musulmanes géorgiennes, en est une preuve. Soutenus par nos alliés

---

*) Vo r l'annexe I.

tu̇rcs, les Géorgiens musulmans ont *montré une résistance désesperée* aux Russes, qui ont dévasté la Géorgie musulmane d'une manière barbare, après la retraite de l'armée turque ...

Mais ce qui est important dans le cas de la Géorgie, c'est sa situation au point de vue du droit international. A ce point de vue, la Géorgie occupe une place spéciale parmi tous les peuples subjugués de l'Empire russe, la Finlande exceptée. Cette dernière a été aussi subjuguée par le czarisme russe en dépit de toute justice et tout droit, illégalement, après la violation des traités internationaux, mais le cas de la Géorgie est plus clair encore au point de vue du droit des gens. Nous avons déjà parlé des traités conclus en 1783 et en 1799 entre les rois géorgiens et les souverains russes. Le premier de ces traités a été ratifié et, par conséquent, c'est lui qui conserve jusqu'à présent sa valeur juridique. Le manifeste de l'empereur Alexandre Ier qui annonçait l'annexion de la Géorgie était déjà le premier acte de la violation de ce traité. Depuis, le gouvernement russe n'a jamais cessé de le violer. Par conséquent, tous les serments de fidélité que le peuple géorgien, ou ses membres particuliers, civils ou militaires, ont prêtés au trône et aux lois russes, sont forcés et non obligatoires pour la nation géorgienne. Nous n'avons jamais pensé à violer les traités conclus avec la Russie; au contraire, ce sont les empereurs russes qui juraient sur leur «parole impériale» de les respecter, et qui, après ce serment impérial, procédaient immédiatement à leur violation. Cette injustice flagrante dure depuis plus d'un siècle. La Géorgie n'est pas un pays conquis par les armes russes. C'est un état indépendant qui s'imposa volontairement et d'après les règles du droit des gens le protectorat russe. Mais comme la Russie n'a pas tenu son engagement vis-à-vis de nous, la Géorgie, par cet acte illégal de la Russie, se sent libre de ses engagements vis-à-vis de la Russie, en restant *de jure* un état indépendant dont les droits sont violés illégalement par la Russie et qui est transformé en province russe non par droit de conquête, puisque l'histoire ne connaît pas de guerres russo-géorgiennes, mais par la perfidie et par la violation systématique des traités internationaux. En 1907, lorsque nous avons présenté la pétition signée par les représentants de toutes les classes de la nation à la conférence de la paix à la Haye *), aucun représentant des Puissances n'éleva sa voix contre la légalité de cette pétition, pas même le représentant de l'Empire russe, M. Nélidoff. Si la pétition n'a pas été lue, c'est, comme nous l'avons déjà dit plus haut, parce qu'elle n'avait pas été inscrite dans le programme de la conférence. Et que signifie

---

*) Voir l'annexe I.

Église de Saint-Jean L'Évangéliste à Zarzma, construite en 1045.

ce silence, sinon la reconnaissance par les états de la légalité de cet acte de la nation géorgienne au point de vue du droit international? Et par conséquent, dans le moment actuel, la nation géorgienne a aussi le droit de prier les puissances amies, l'Allemagne, l'Autriche-Hongrie et la Turquie, de reconnaître dans les actes révolutionnaires dirigés contre la Russie non des manifestations de révolte contre l'autorité légale russe, mais des actions militaires venant du côté belligérant qui défend ses justes droits contre la violence et l'illégalité de la Russie. A ce point de vue chaque comité géorgien auquel la nation confie la direction de l'action militaire contre l'ennemi ou l'administration des affaires publiques sur le territoire débarrassé des troupes russes, a le droit de prendre le titre de gouvernement provisoire géorgien, et la légalité de ce gouvernement doit être reconnue par les dites puissances, cette reconnaissance n'étant pas du tout contraire aux règles du droit des gens. Aussi un autre précédent prouve cette situation exceptionelle de la Géorgie au point de vue du droit international. Lorsque, sur la demande du gouvernement russe, trois révolutionnaires Géorgiens furent arrêtés à Genève, et que le gouvernement du Czar insista sur leur extradition, le Tribunal Fédéral les acquitta, après avoir pris en considération, parmi les autres données, les conclusions d'une des plus grandes autorités dans la science moderne du droit international. Cet auteur illustre tâchait de prouver que les actes commis par les révolutionnaires géorgiens contre le gouvernement russe sont à considérer comme actes politiques commis par un parti belligérant *).

Voilà la situation juridique exceptionnelle de la Géorgie non seulement parmi tous les peuples du Caucase, mais aussi parmi les autres peuples subjugués par les Russes. Nous espérons que nos amis et nos protecteurs contre la violence des Russes prendront en considération cette situation exceptionelle de la nation géorgienne et nous traiteront loyalement, d'après ce que nous méritons de par le droit international et d'après ce que la justice et le droit international prescrivent aux grandes nations, protectrices des faibles.

III.

Voilà l'élément le plus important du Caucase — un peuple qui a eu sa longue histoire dont les vicissitudes l'ont fait retomber dans l'état que nous venons de décrire. Le peuple géorgien est, au Caucase, le seul qui avait sa vie politique, son état organisé et qui représente actu-

---

*) Voir l'annexe IV.

ellement aussi l'élément le plus capable de mener indépendamment sa vie politique et de constituer un état moderne.

Quant aux autres peuples caucasiens, nous nous bornerons à quelques remarques. Les Tatars, tous musulmans, dont le nombre s'élève à peu près à deux millions et demi, et qui occupent le territoire à l'est de la Transcaucasie, sont très intelligents et travailleurs; toujours persécutés par les Russes, excellents guerriers, ils sont capables de prendre les armes et de combattre vaillamment l'ennemi de leur religion, mais sans aide d'autres Caucasiens, ils ne sont capables ni d'agir indépendamment, ni d'accomplir la grande œuvre de l'organisation politique du Caucase de l'avenir. C'est une grande force qui peut rendre un service immense aux Turcs et aux Persans, leurs coreligionnaires, pendant la lutte contre les Russes, et qui peut faciliter la grande tâche de l'organisation politique du Caucase.

Le troisième élément du Caucase est formé par les Montagnards, musulmans eux aussi. Les Tatars leur sont beaucoup supérieurs, car ils ont leur langue littéraire, leur presse et leur littérature, tandis qu'il n'existe pas de littérature circassienne, lesgue, tchechène, etc. Les Ossètes seuls parmi les Montagnards ont tenté de créer une littérature nationale, ils ont inventé même leur propre alphabet, qui n'est, d'ailleurs, qu'une variation assez laide de l'alphabet russe, mais c'est l'œuvre de ces dernières années, et cet alphabet avec quelques échantillons du génie littéraire des Ossètes ne signifie pas encore un grand progrès accompli par cette peuplade. Parmi les Montagnards, ce sont les Lesgues qui sont les plus nombreux. Ils comptent à peu près 500,000 individus. Ils occupent la partie orientale de la chaîne du Caucase et le versant nord de cette chaîne, jusqu'à la Mer Caspienne. Daghestan est le nom de leur patrie. Le plus grand peuple des montagnes du Caucase étaient les Circassiens, qui occupaient jadis la partie occidentale de la chaîne du Caucase, le versant nord de cette chaîne et le littoral de la Mer Noire, à partir de la frontière occidentale de l'Abkhasie jusqu'à Novorossiisk. Mais les Russes ont anéanti cette nation renommée par sa beauté et par un courage guerrier exceptionnels; ils ont chassé de leur pays natal, en 1864, à peu près 500,000 Circassiens qui se sont établis dans différents endroits de l'Empire ottoman. Il en reste aujourd'hui au Caucase peut-être 40—50,000 individus. Les autres montagnards, comme les Tchetchènes, les Ingouches, les Cabardiniens, etc. sont encore plus insignifiants par leur nombre et par leur culture. Et ni par leur passé historique, qui ne contient absolument rien qui puisse démontrer leur capacité de développement successif, ni par l'état actuel de leur culture, qui prouve seulement qu'ils appartiennent tous ensemble au nombre des soi-disant peuples retardés, ces peuples ne peuvent revendiquer le rôle de sauveurs du Caucase et d'organisateurs de sa vie politique à venir. Leur plus grande gloire, c'est la lutte acharnée de plusieurs dizaines d'années qu'ils ont pu soutenir contre les Russes au XIXième siècle, et, courageux et excellents guerriers qu'ils sont, ils peuvent rendre encore une fois un grand service au Caucase tout entier en levant les armes contre l'ennemi commun et en défendant la liberté et l'indépendance, auxquelles ils aspirent tous sans exception. Animés par deux sentiments à la fois : par la haine contre leurs ennemis les plus détestés, les Russes, et par l'ardeur de la religion musulmane, dont ils sont les meilleurs serviteurs, ils pourront accomplir des actes héroïques, lorsque le Caucase entier armé marchera contre la Russie. L'esprit de Chemyl vit encore dans les montagnes du Caucase.

Quant au quatrième élément principal du Caucase, les Arméniens, il est un peu difficile d'en parler, en toute franchise, car la vérité que l'on se permet de dire sur eux ouvertement est toujours accueillie par leur presse et par l'opinion publique comme une manifestation d'arménophobie. Il est vrai qu'ils ont souffert énormément à travers toute leur histoire, sous la domination des étrangers, depuis qu'ils ont perdu leur indépendance politique. Il est vrai que le régime d'Abdul-Hamid a été un fléau de Dieu pour ce peuple malheureux. Il est vrai qu'ils sont obligés quelquefois de jouer la double politique russophile et turcophile, étant partout parsemés, en Russie et en Turquie. Il est vrai, enfin, que le peuple arménien est un peuple travailleur, commerçant, intelligent sous beaucoup de rapports, — de là nos sympathies et notre respect pour lui —; mais cela n'est qu'un côté de la vérité, qui n'est pas du tout suffisant, lorsqu'il s'agit de considérer le rôle qu'un peuple joue dans la vie d'un grand pays, comme le Caucase, dans la décision de son sort, de son avenir. Dans ce cas il faut dire toute la vérité, et voilà son *mauvais côté*. Les Arméniens du Caucase, dont le nombre s'élève à peu près à un million d'individus, ne forment pas une population compacte sur un territoire bien défini. Ils sont éparpillés dans tout le Caucase. Excepté une petite partie du Caucase du Sud, ils n'y sont nulle part dans leur patrie historique, mais ils forment un élément étranger parmi les aborigènes du Caucase. Il y a sur le territoire géorgien à peu près 200,000 Arméniens dont la majorité demeure dans les villes de la Géorgie orientale, surtout à Tiflis. Dans une province géorgienne de Djavakhethi, la majorité de la population agricole est aussi arménienne, grâce au gouvernement russe, qui a fondé ces colonies arméniennes en Géorgie au commencement du XIXième siècle pour le service que les Arméniens lui ont rendu pendant ses guerres contre la Turquie. Le reste des Arméniens est mélangé avec la population tatare, ne formant nulle part une majorité écrasante, même dans les provinces de leur ancienne patrie, comme, par exemple, dans le gouvernement d'Érivan, où ils dépassent de très peu la population musulmane. Partout ailleurs, dans le Caucase, les Arméniens forment une minorité en comparaison avec leurs voisins. Il est vrai que dans certaines villes, et même à Tiflis, les Arméniens sont très nombreux, mais leur rôle ressemble à celui des Juifs de la Pologne, de Varsovie, par exemple. Leur situation au Caucase, dont ils n'aiment pas en général à parler, ne leur permet pas d'aspirer à la formation d'un corps politique indépendant, même à l'autonomie territoriale, et c'est ce qui les rend envieux des autres peuples du Caucase, surtout des Géorgiens, qui sont en état de constituer un état indépendant. Les Arméniens sont, en outre, les détenteurs du capital marchand et usurier par lequel ils exploitent la population caucasienne d'une manière impitoyable partout où ils sont, dans les villages aussi bien que dans les villes. Les grands capitaux industriels du Caucase n'appartiennent pas exclusivement aux Arméniens. La grande majorité de ces capitaux constitue la propriété des Européens. L'Arménien des villes du Caucase — c'est le type de marchand ou d'usurier, cela veut dire un fléau de Dieu surtout pour l'agriculteur, [qui est exploité et ruiné par lui systématiquement. Voilà la cause principale de la haine dont les Arméniens sont les objets au Caucase. Les sympathies que les Arméniens avaient toujours pour le gouvernement russe les ont discrédités encore plus. Ne pouvant pas aspirer à l'autonomie territoriale à cause du manque d'un territoire peuplé par une population nationale compacte, les Arméniens se contentent d'un côté des petites concessions que les Russes leur accordent (ainsi par exemple, lorsque les Russes ont pris de force les biens de l'Eglise arménienne, en 1904, le gouvernement les leur a restitués après une protestation du peuple et du clergé arméniens), et de l'autre côté ils sont toujours contre les aspirations autonomes des autres peuples, surtout des Géorgiens, préférant le régime russe, qui leur permet l'exploitation effrénée de la population au sein de laquelle ils se sont introduits comme usuriers et marchands, au régime libre d'un Caucase indépendant qui mettra fin à leur œuvre néfaste qui désagrège complètement chaque société où ils pénètrent. Leur cri dans l'Europe tout entière qu'ils sont des éléments civilisateurs du Caucase n'est qu'une invention, connue, d'ailleurs, par les Européens qui ont étudié si peu que ce soit le Caucase. Le marchand et l'usurier étrangers ne peuvent jamais jouer un rôle civilisateur parmi un peuple dont la culture est infiniment supérieure à celle des immigrés. Les peuples du Caucase ont aussi leurs marchands et leurs usuriers, mais les premiers sont plus *européens*, et le nombre des derniers est très faible. Quant aux travailleurs arméniens, ceux des villes et de la campagne, leur état économique et leur culture sont infiniment inférieurs à celui, par exemple, des Géorgiens. Et quant à la culture nationale générale, peut-on jamais comparer, par exemple, la nouvelle littérature arménienne créée au XIXième siècle dans un dialecte du Caucase, à la nouvelle littérature géorgienne qui est le produit du développement organique de l'ancienne littérature ? On ne peut pas parler du rôle civilisateur des Arméniens au Caucase comme on ne peut pas parler du rôle civilisateur des Juifs en Pologne. — En outre, c'est une force que les Russes emploient pour paralyser le mouvement national du Caucase. L'alliance des Arméniens avec le gouvernement russe date de longtemps. Les Russes les ont toujours employés contre les Turcs, maintenant ils les emploient aussi contre les Géorgiens et contre les autres Caucasiens. Pendant la révolution, en 1904—1905, les Arméniens n'ont pas participé au mouvement, quoiqu'ils annonçassent au monde entier qu'ils étaient les meneurs de la révolution tout entière. En même temps, ils voulaient être *solidaires* avec les Géorgiens, et leur solidarité se borna à la marche pompeuse de leurs bandes armées dans les rues de Tiflis et de Bakou. Les Russes ont provoqué un massacre arméno-tatare à Bakou, à Elisabethpol, à Tiflis même, et, il est vrai, les Arméniens se sont distingués dans cette lutte fratricide. Ils ont l'habitude d'appeler *révolution* semblables massacres, mais ces choses-là n'ont rien à faire avec une révolution, et, à Tiflis, c'est grâce à l'intervention des révolutionnaires géorgiens que le massacre a dû cesser. Et après, lorsque tous les partis révolutionnaires géorgiens avaient à décider si l'on devait continuer l'action révolutionnaire contre le gouvernement, le parti arménien a trahi les partis réunis en déclarant qu'en Russie, il n'y avait pas de champ d'action pour lui. Et c'était un parti qui se disait partout socialiste — en Géorgie, en Russie, en Europe même, qui marchandait sur les principes avec les partis socialistes russe et autres pendant l'élaboration *du programme commun !* Heureusement tous ces partis ont compris finalement que tout le socialisme arménien n'était qu'un jeu, pas très sympathique, et personne ne reconnaît plus actuellement ce parti arménien (Dachnakzoutune) comme socialiste. Ils ont cessé eux-mêmes de l'intituler ainsi. Bref, par leur état économique spécial au Caucase, par leur égoïsme national qui ne leur permet jamais de reconnaître les droits politiques des autres, par leur alliance avec l'impérialisme russe au Caucase, les Arméniens sont devenus antipathiques aux Caucasiens. Dans cette guerre ils les ont trahis encore une fois, mais après la libération du Caucase, ils reseront toujours là, malgré leur trahison, pour jouer leur rôle dans l'organisation politique du pays, et c'est pour cela que nous devons toujours prendre en considération ce quatrième élément du Caucase. Certes, toute la population arménienne du Caucase n'est pas inspirée de la manière que nous venons de décrire. Il y a de forts éléments arméniens qui pensent autrement, qui reconnaissent les droits de leurs voisins et qui sont prêts à coopérer avec eux dans la cause commune de la libération du Caucase. Ils savent parfaitement qu'une autonomie territoriale arménienne est impossible, et comme dans tout le Caucase, parmi tous les peuples, il est impossible de trouver un seul parti qui ne reconnaisse pas les droits de la nationalité arménienne, ils préfèrent travailler solidairement avec les Géorgiens et les Tatars, tout en reconnaissant la légitimité des aspirations politiques de ces derniers. Quelque régime que l'on puisse établir dans le Caucase indépendant, l'église, la langue, la propriété et toute la culture nationale des Arméniens seront respectées ; cela est connu par tous les Arméniens raisonnables, et c'est sur ces éléments qu'il faut compter, lorsqu'il s'agira sérieusement de l'abolition du despotisme russe au Caucase.

IV.

Tels sont les éléments dont la coopération est indispensable aux Ottomans pour remporter la victoire définitive sur les Russes et pour les chasser des confins du Caucase. La coopération avec les Géorgiens est spécialement nécessaire à cause de leur importance, dont nous venons de parler. Sans l'aide des Géorgiens, les Turcs ne pourront jamais conquérir le Caucase ; l'acte accompli par les Géorgiens sera suivi par les Tatars et les Montagnards qui ne peuvent jamais rien risquer sans l'initiative de la Géorgie qui est l'âme politique du Caucase. Et si les Géorgiens, les Tatars, les Montagnards et les Arméniens, solidaires d'eux, se soulèvent, ils formeront une force très considérable avec laquelle la Russie doit compter sérieusement et qui, combinée avec la force ottomane, brisera enfin la résistance de l'armée russe. Mais sans révolution générale caucasienne, les tentatives des Turcs de conquérir à eux seuls le Caucase — répétons le encore une fois — sont condamnées à échouer complètement. Et les conséquences qu'une défaite turque pourrait avoir pour les deux états musulmans, la Turquie et la Perse, sont très faciles à calculer. Il est évident que la Russie brisa la puissance de la Turquie et de la Perse, après avoir pris pied sur le territoire du

Caucase. Les Géorgiens, réduits absolument par les incursions systématiques des Turcs et des Persans, ont appelé eux-mêmes les Russes pour se défendre contre ces invasions horribles. C'est alors que l'impérialisme russe a trouvé un point d'appui très ferme dans l'Orient. Si la guerre actuelle se couronne par la victoire russe, il est aussi évident que la Turquie perdra les provinces arméniennes, peut-être aussi tout le vilayet de Trébizonde ; la Perse perdra la province d'Adérbéïdjan, et l'occupation de toute la Perse par les Anglais et les Russes deviendra peut-être perpétuelle. Le Caucase lui-même restera à jamais sous la domination russe ; la colonisation russe y progressera d'une manière plus intense que jusqu'à présent. La russification des chrétiens du Caucase et la dégénérescence des musulmans seront les conséquences de la domination russe prolongée dans ce pays qui perdra définitivement sa personnalité historique et son originalité ethnique. Et c'est pour éviter toutes ces conséquences, néfastes pour tous les Caucasiens, pour la Turquie et pour la Perse, que la coopération de tous ces peuples est nécessaire dans le grand but de la défaite des Russes. Mais chacun de ces peuples doit baser ses aspirations sur la solidarité et la justice pour faire couronner de succès le grand but que l'on poursuit. Il ne s'agit pas ici du butin de la guerre, il ne s'agit pas de la satisfaction des appétits développés pendant le succès remporté dans la guerre. Cette manière de considérer les succès de la guerre est barbare et surannée, elle est toujours la cause de la perte finale des vainqueurs. Tout doit être subordonné au but suprême, au calcul de l'état futur des choses et des possibilités qui peuvent surgir après la fin des combats. Celui qui n'emploie pas sa victoire pour s'assurer la paix et la garantie contre l'agression de l'ennemi pendant une assez longue période dans l'avenir, a perdu en vain ses forces ; il est un mauvais politicien qui ne sait rien calculer, rien apprécier, rien prévoir. Lorsqu'il s'agit de la coopération des différents peuples coïntéressés dans l'affranchissement du joug de l'ennemi commun, il faut proclamer le principe « suum cuique tribuere », respecter les droits réciproques ; les peuples subjugués ne versent pas leur sang pour échanger la domination d'un étranger contre la domination d'un autre, ils réclament leurs droits, et c'est pour les recouvrer qu'ils luttent et s'allient aux ennemis de leurs oppresseurs.

Mais ces ennemis ne doivent jamais oublier que les peuples subjugués ne font pas des révolutions sanglantes pour les beaux yeux de leurs alliés. Les Turcs ne doivent pas oublier cela, lorsqu'il s'agit du problème caucasien, et s'ils ne basent pas toute leur politique sur le principe de la solidarité, ils doivent être sûrs qu'aucun secours ne leur viendra du côté des Caucasiens, ils doivent renoncer à la pensée même de conquérir le Caucase, parce que s'ils réussissent même à y entrer, ils seront le lendemain mis hors des confins du Caucase ou par les Caucasiens, ou par les Russes eux-mêmes, qui ne tarderont pas à revenir aussitôt qu'ils en auront la possibilité. Le problème de gouverner le Caucase est très difficile, et chaque état qui fera de ce pays l'une de ses provinces, est d'avance condamné à échouer complètement, lorsqu'il commencera à gouverner et à administrer le Caucase comme province, supposée identique au reste de l'état. L'exemple de la Macédoine doit être constamment sous les yeux des Turcs. Le gouvernement ottoman ne pouvait jamais gouverner ce pays, agité toujours par des révoltes et par les disputes entre les différentes nationalités qui l'habitent. C'est après la réintégration de toutes ces nationalités dans leurs justes droits que la paix y serait possible ; et dorénavant, la révolution macédonienne durera, malgré la retraite des Turcs, aussi longtemps que les droits de chaque nationalité de la Macédoine ne seront pas définis et reconnus par les partis disputants. Les Russes non plus ne pouvaient jamais faire régner la paix au Caucase, pour les mêmes causes. Et le problème caucasien étant infiniment plus compliqué que le problème macédonien, et le système du gouvernement russe n'étant pas inférieur sous certains rapports au système turc, comment peuvent-ils, ceux qui ont échoué dans la solution du problème macédonien, résoudre un problème plus difficile et plus compliqué, celui du Caucase, si jamais ils parviennent à dominer ce pays ? Ils échoueront dès le commencement ; les peuples caucasiens se dresseront contre l'autorité nouvelle et aussi les uns contre les autres ; les Russes en profiteront évidemment, ils pourront trouver chez tous les peuples du Caucase des éléments assez forts qui auront de la préférence pour la domination russe ; enfin, l'argent et mille promesses russes travailleront sûrement pour ouvrir encore une fois le chemin aux bataillons russes vers les plaines de la Transcaucasie, et la domination russe s'établira de nouveau, cette fois-ci peut-être à jamais, pour le plus grand malheur des Caucasiens, de la Turquie et de la Perse, et peut-être aussi de l'Europe, si les Russes, fortifiés au Caucase et sur la Mer Noire, forcent enfin le Bosphore et les Dardanelles, s'établissent en maîtres à Constantinople et acquièrent le droit d'avoir leur flotte dans la Méditerranée. Non, l'occupation du Caucase par les Turcs apportera des maux terribles à l'Orient et peut-être aussi à l'Occident, elle sera la cause éternelle de guerres et de dévastations. Il faut que les Turcs renoncent à cette pensée, et se déclarent *solidaires* avec les peuples du Caucase *pour créer un Caucase indépendant et neutre.*

L'état tampon du Caucase — c'est la paix en Orient, c'est la conservation de la Turquie et de la Perse, c'est la paix au Caucase même, qui ne connaît pas la tranquillité depuis des siècles, c'est la fin des aspirations impérialistes russes dans cette partie de l'Orient, aspirations qui menacent même Constantinople, la Méditerranée et l'Europe. Enfin, ce sera l'affranchissement économique du Caucase qui, d'un côté, est obligé d'acheter les mauvaises marchandises russes à un prix très élévé, grâce au système douanier russe qui frappe les marchandises européennes et les rend inaccessibles aux Caucasiens, et qui, de l'autre côté, est entravé de mille manières dans son commerce avec l'Europe. Les produits du Caucase vont plus en Europe qu'en Russie. Le manganèse géorgien est exporté principalement en Angleterre, en Belgique et en France. Mais, grâce au tarif des chemins de fer russes, le transport d'une tonne de manganèse de Tchiatura à Poti, à 150 km. de distance à peu près, coûte plus cher que le transport d'une tonne de la même marchandise de Calcutta à Londres. Et c'est grâce à la qualité supérieure de notre manganèse qu'il peut encore tenir tête à la concurrence du manganèse des Indes, du Brésil et de Cuba sur le marché universel. En outre, le Caucase est un champ d'application immense pour le capital industriel. Les Russes ne sont pas capables de développer une industrie européenne au Caucase. Même à Bakou, ce sont les capitaux étrangers, surtout anglais, qui sont engagés dans l'industrie du pétrole. Mais grâce au désordre qui règne dans le pays mal gouverné par les Russes, grâce à la mauvaise organisation des rapports de la propriété, grâce à la tracasserie de la justice russe, les capitaux européens fuient en général le Caucase. Ce sont les Caucasiens eux-mêmes qui ont développé aussi une certaine énergie pour créer différentes industries, mais sans l'aide systématique du capital européen, les richesses naturelles immenses du Caucase ne seront jamais exploitées sur une grande échelle. Le Caucase neutralisé, par contre, deviendra un marché libre pour les marchandises européennes ; les peuples affranchis du gouvernement étranger, organisés et gouvernés par eux-mêmes, décupleront aussi leurs forces productrices pour s'adonner à l'activité économique, et, grâce à la science et aux capitaux européens, le Caucase indépendant et libre deviendra un des pays les plus prospères du monde. Ce sera un pays de plus gagné éternellement à l'humanité civilisée.

V.

Mais un autre problème se pose devant nous, très important et très difficile à résoudre. Comment organiser le Caucase affranchi du joug russe et reconnu neutre par les Puissances ? Est-il possible de constituer de ce mélange d'unités ethniques, de religions, de mœurs et d'habitudes, d'histoires, qui diffèrent et quelquefois sont opposées, un corps politique capable de se développer organiquement dans l'avenir et d'acquérir une « conscience caucasienne » qui n'existe pas actuellement?

Les peuples du Caucase ne forment pas ensemble une somme de structures sociales homogènes et uniformes. Au contraire, l'hétérogénéité et la multiformité sociales forment le trait caractéristique de ce pays. Le passé historique, les habitudes et les mœurs, la religion, les rapports de la propriété, la position de la femme, la conception du droit, du devoir et de la liberté individuelle, la morale, l'état de la culture générale, les aspirations et les idéaux — tout est différent chez les peuples du Caucase, et il serait impossible de les contraindre tous de vivre sous les mêmes règles juridiques, sous la même constitution. Une constitution générale caucasienne serait condamnée à échouer complètement le lendemain de son établissement. On peut dire que la stabilité d'une constitution est en raison directe avec l'uniformité et l'homogénéité sociales du peuple qui se donne cette constitution. D'après cette loi, la constitution caucasienne sera la plus instable de toutes les constitutions du monde. On a l'habitude de citer l'exemple de la Suisse, où les cantons de différentes nationalités constituent la fédération républicaine la plus stable et la plus solidaire que l'on puisse imaginer, et de la comparer avec la fédération des peuples caucasiens qui peuvent s'entendre sur les mêmes principes que les nationalités suisses. Mais la ressemblance de la Suisse avec le Caucase n'est que purement apparente. C'est juste le contraire qui nous est prouvé par l'exemple de la Suisse, premièrement, parce que la structure sociale de toutes les nationalités suisses est la même, leur état de culture est à peu près identique, et ensuite, parce que même les cantons suisses ne se sont pas fédérés d'un seul coup, mais c'est à la suite de luttes qui ont duré des siècles que les cantons d'abord indépendants se sont unis en une confédération, tout en conservant leur autonomie. On doit être sûr que, si les représentants de tous les peuples du Caucase se réunissaient un jour à Tiflis pour fonder une fédération du Caucase, ils se sépareraient après quelques jours de contestations et de disputes violentes, sans avoir rien créé. Ils auraient parlé des langues différentes, sans jamais se comprendre. Leurs ambitions, leurs histoires, leurs traditions et leurs aspirations spéciales les auraient rendus irréconciliables. Pour qu'ils se comprennent, il faut d'abord que chaque élément représenté sache ce qu'il représente, et que l'existence et les droits du corps politique qu'il représente soient reconnus par les autres représentants, comme un fait indiscutable. Cela veut dire que chacun des éléments du Caucase doit conquérir son indépendance, créer un corps politique avec une constitution qui convienne mieux à sa structure sociale, et ensuite entreprendre la tâche de fonder une confédération. Autrement, comment veut-on, par exemple, faire vivre sous les mêmes règles juridiques, les Tatars, les Lesgues, etc. chez lesquels la femme n'est qu'à moitié esclave et la Géorgie, où la femme est vénérée depuis le commencement de son histoire, placée au-dessus de l'homme, respectée et idéalisée, libre et fière, à laquelle les affaires publiques, d'après les vieilles traditions, n'étaient et ne sont jamais étrangères ? . . .

D'après nous, si la guerre actuelle est couronnée par le succès définitif des Allemands, des Austro-Hongrois et des Turcs, le problème caucasien doit être résolu de la manière suivante :

1º concéder à la Turquie une partie des gouvernements de Kars et d'Erivan, où la grande majorité de la population est d'origine turque ;

2º déclarer la Transcaucasie neutre, comme la Suisse ; que toutes les Puissances signent la déclaration de cette neutralité et s'engagent à ne jamais la violer ;

3º rendre à la nation géorgienne son territoire historique dans les limites déjà mentionnées et le droit de créer un Etat indépendant géorgien, dont la constitution sera élaborée par l'assemblée nationale géorgienne, convoquée après la reconnaissance de son indépendance. Les musulmans qui entreront dans l'État indépendant géorgien appartiennent à la nationalité géorgienne, et, par conséquent, ils peuvent participer à la vie politique de la Géorgie, l'état leur ayant garanti le libre exercice de leur culte et ayant même fait des concessions nécessaires dans le domaine juridique qui ressort de la religion musulmane. Les Arméniens qui resteront en Géorgie, comme citoyens de l'État indépendant géorgien, peuvent aussi jouir du respect que l'état témoignera à leur église, leurs écoles, leur langue et leur culture nationale générale. Dans les autres rapports, tous les citoyens de la Géorgie indépendante doivent être égaux devant la loi, jouir de sa protection, mais aussi reconnaître les devoirs qu'elle leur impose.

4º laisser aux Tatars et aux Arméniens le droit de s'entendre pour l'organisation de la fédération des cantons arméno-tatars, avec l'aide et le conseil des médiateurs qu'ils choisiront parmi leurs voisins caucasiens, et aussi parmi les Européens ; l'engagement réciproque de respecter la propriété, la religion et la langue de chacun des contractants ; élaborer des constitutions correspondant à leur état de la culture, créer des constitutions purement tatares dans les cantons à grande majorité de population tatare, tout en respectant les droits nationaux de la minorité arménienne, et réciproquement.

5° la fédération des Montagnards, dont chaque canton ou état jouira d'une indépendance très large, comme par exemple le Daghestan, dont le peuple compte un demi-million d'individus et dont le territoire est assez grand ; leur laisser aussi le droit d'élaborer leur propre constitution et de s'entendre librement; n'ayant pas de relations très compliquées ni avec leurs voisins, ni avec les nations lointaines, mais vivant la plupart du temps dans leurs montagnes, d'après leurs vieilles habitudes et traditions, l'entente libre entre eux et l'assurance de l'ordre à établir de leur manière dans leurs cantons ne sont pas des choses difficiles.

C'est après ce processus de l'organisation des éléments du Caucase que leur rencontre peut porter des fruits désirables. Il faut que chaque élément représente une personnalité politique bien définie, avec son territoire fixé et reconnu par tout le monde, pour que leurs pourparlers aient quelque sens. La création d'un système commun douanier et monétaire peut sortir de tels pourparlers au commencement de la vie indépendante des peuples caucasiens. Mais lorsque les relations économiques entre eux se compliqueront, les assemblées périodiques des représentants de ces peuples pourront toujours trouver beaucoup d'affaires à régler et à gérer en commun, et si, peut-être, un jour les différences essentielles qui existent entre ces peuples, différences qui ne leur permettent pas actuellement de former un seul organisme politique caucasien, disparaissent, alors ces assemblées périodiques se transformeront en une assemblée permanente, et les principes d'une confédération caucasienne pourraient être élaborés.

Par la libération du Caucase, l'Europe créera un pays admirable qui deviendra méconnaissable après une cinquantaine d'années de liberté, tant les Caucasiens sont capables de faire de progrès, et tant sont immenses les richesses naturelles que le Caucase contient. Sans parler des richesses qui se trouvent à sa surface, la concentration immense de richesses minérales dans le sous-sol du Caucase suffira pour que le capital européen puisse l'exploiter pendant une longue durée de temps. L'Allemagne, la future libératrice du Caucase, déploiera sa science et son assiduité, et elle emploiera aussi ses capitaux pour créer un foyer du travail intense dans un pays qui, lui devant sa liberté, témoignera sa reconnaissance, et, en lui ouvrant son sein, il ne lui demandera que sa savante direction pour mettre au profit des deux partis les richesses immenses que l'Allemagne pourra y puiser.

Eh bien! Sois donc le bienvenu dans notre patrie, toi, le grand peuple des philosophes, des savants et des poètes! Et si nous parvenons avec ton aide à conquérir notre liberté, tu n'auras pas de meilleurs amis que nous. De toi, nous apprendrons à penser et à travailler de ta manière sublime, et peut-être, sous peu, deviendrons-nous entièrement dignes d'avoir été tes élèves, dont les maîtres pourront être même très fiers dans l'avenir....

ANNEXE.

I.

Pétition du Peuple Géorgien aux États du Monde Civilisé Réunis en Conférence à la Haye en 1907.

Au nom de la justice et du droit international, nous, citoyens de la Géorgie, un des plus anciens royaumes indépendants chrétiens, nous adressons aux nations civilisées en la personne de leurs représentants à la Conférence Internationale de la Paix à la Haye.

Nous sommes convaincus que notre voix éveillera votre attention et sympathie, lorsque nous constatons nos revendications justes et légales pour obtenir l'observation loyale d'un traité international, conclu entre le royaume indépendant de la Géorgie et le Gouvernement Impérial Russe, ratifié par les deux parties contractantes et violé systématiquement par le Gouvernement Impérial Russe.

Dans l'an 1783, le vingt août, Iracli II, roi de Géorgie, conclut un traité avec l'impératrice de Russie, Catherine II, en vertu duquel la Géorgie se plaçait volontairement sous le protectorat de l'Empire russe. De son côté l'impératrice, en son nom et en celui de ses successeurs, garantissait solennellement le maintien du gouvernement national autonome de la Géorgie, de la législation nationale, des droits de l'église autocéphale géorgienne, ainsi que des tribunaux et de la justice géorgienne, de la monnaie géorgienne et du système militaire national.

Ce traité fut ratifié le trente septembre, la même année, et le texte de ce traité se trouve dans le XXIième volume du Recueil Complet des Lois d'Empire russe.

L'article 12 de ce traité international, dûment ratifié, disait :

« Ce traité est conclu pour toujours, mais s'il devient nécessaire pour le bénéfice mutuel des parties contractantes d'introduire quelques changements dans ce traité, ces changements ne pourront être faits qu'avec le consentement des deux parties. »

Quinze ans plus tard, en vertu de cet article 12, des pourparlers furent ouverts entre l'empereur Paul Ier de la Russie et le successeur d'Iracli II, le roi George, pour la revision de ce traité. Il s'agissait de convenir que le royaume de Géorgie ferait dorénavant partie de l'Empire russe, tout en gardant les droits autonomes et nationaux, reconnus par le traité de protectorat de 1783.

Le dix-huit janvier 1801, un manifeste de l'empereur Paul, annonçant l'annexion de la Géorgie, fut affiché dans les rues de St-Pétersbourg ; l'empereur déclarait solennellement « sur sa parole impériale, » qu'avec l'union du royaume de la Géorgie ... « tous les droits et privilèges seraient maintenus intacts ».

Mais l'empereur Paul et le roi George moururent avant d'avoir signé la convention projetée ; il n'y eut point ainsi de nouveau traité.

Néanmoins le successeur de l'empereur Paul, Alexandre Ier, dans son manifeste daté de Moscou, le douze septembre 1801, s'exprime en ces termes : « A Notre avènement au trône Nous avons trouvé le royaume de Géorgie annexé à l'Empire russe, comme cela avait été déclaré solennellement par le manifeste de 18 janvier 1801. »

Les ambassadeurs géorgiens auprès de la Cour Impériale protestèrent contre cette déclaration et quittèrent St-Pétersbourg.

Dans son manifeste du 12 septembre 1801, le même empereur confirma de nouveau l'autonomie de la Géorgie et son gouvernement électif composé de quatre départements élus. Les statuts de ce gouvernement géorgien, signés le même jour, le douze septembre, portaient : « L'Assemblée Générale de tous les quatre départements forme le Gouvernement Suprême de la Géorgie et décide définitivement toutes les affaires par majorité de votes. »

Quoique l'autonomie de la Géorgie fût confirmée de nouveau, les Géorgiens ont considéré le manifeste d'Alexandre Ier comme illégal et fait en violation du traité conclu avec Catherine II, qui garantissait qu'aucun changement ne pourrait être fait sans le consentement des deux parties contractantes.

Depuis lors, tous les actes du Gouvernement Impérial ont été une violation systématique des termes du traité.

Le Gouvernement Suprême électif fut aboli peu à peu, et à sa place, un ordre bureaucratique et militaire russe fut imposé ; actuellement, dans toute la haute administration et dans le Conseil du Vice-Roi, il n'existe qu'un seul employé géorgien : c'est l'interprète.

Pendant les dernières cinquante années, la langue géorgienne a été supprimée dans les tribunaux, et la justice est rendue aujourd'hui en langue russe, qui n'est pas comprise par les paysans et par les ouvriers ; en fait, ceux-ci sont privés du droit le plus sacré du citoyen.

La langue géorgienne est bannie de tous les établissements du gouvernement et même de l'administration rurale, des écoles et en partie des églises.

Notre système militaire national, garanti par le traité, a été remplacé par le service obligatoire militaire russe, et notre jeunesse est en majeure partie envoyée dans le nord de la Russie et en Sibérie. Les statistiques militaires constatent que 47 pour cent des soldats géorgiens meurent ou tombent malades, victimes de la rigueur de climat.

La politique de russification forcée a eu comme conséquence la ruine économique de notre nation.

Notre Église autocéphale, une des plus anciennes dans le monde chrétien, a été privée de son indépendance et de ses biens par un simple ordre administratif.

Nos monuments historiques et nos cathédrales, beaux spécimens de l'architecture du moyen âge, tombent en ruine et sont souvent même détruits par les ecclésiastiques russes; nous n'avons pas les moyens pour les restaurer, car les revenus des biens de notre église (évalués à 2,400,000 roubles par an) sont appropriés par le gouvernement Impérial.

Toutes les terres géorgiennes nationales ont été déclarées par le Gouvernement Impérial biens de l'État russe. Sur ces terres, beaucoup de villages de colons de nationalité russe ou d'autres nationalités ont été créés par ordre du même gouvernement. A chacun de ces colons étaient alloués de 15 hectares à 20 hectares et même à 50 hectares, tandis que le paysan géorgien, dans notre pays de petite culture, ne possède en moyenne que de 1 hectare à 2 hectares. De ces terres, converties en biens de l'État russe, rien n'est donné aux paysans géorgiens. Dans beaucoup de provinces géorgiennes, surtout dans les provinces maritimes, il est même défendu par ordre du gouvernement de St-Pétersbourg de vendre la terre aux Géorgiens. Ainsi une vraie « famine de terre » est créée en Géorgie, surtout dans les provinces occidentales où le prix de l'hectare monte jusqu'à 2,500 francs et 5,000 francs, et où nos paysans sont obligés d'acheter la terre par mètres carrés.

Les réformes accomplies en Russie dans le courant de XIXième siècle, sauf l'abolition du servage, n'ont pas été introduites en Géorgie. Jusqu'à présent, nous sommes privés du jury dans les tribunaux criminels, de juges de paix élus, de Zemstvos, d'université et d'autres hautes écoles. quoique la société géorgienne ne cesse à chaque occasion de s'adresser par pétition au gouvernement russe et à l'empereur pour obtenir le droit d'avoir une université.

Même le régime constitutionnel, nouvellement introduit, est une triste ironie, car toute la nation géorgienne, qui compte deux millions et demi d'habitants, n'a que sept représentants dans la Douma*).

Non seulement nous sommes privés de nos droits, mais un autre malheur encore plus grand pese aujourd'hui sur notre nation.

---

*) Aujourd'hui seulement trois.

Il y a déjà deux ans que l'état de siège a été déclaré dans la Géorgie, qui est livrée à la merci des militaires et des cosaques.

Les villages des provinces florissantes de la Gourie, la Mingrélie, l'Imeréthie et la Géorgie centrale ont été brûlés, saccagés; les jardins et vignobles ont été détruits; ce que possèdent les paysans a été pillé par les cosaques et par les soldats. Les villes de Koutaïs, Osourgethi, Kvirila, Khoni, Tchiatoura et 104 villages ont été complètement ou partiellement mis en ruine; des centaines de Géorgiens ont été tués. Même les femmes et les enfants n'ont pas échappé à l'outrage et au déshonneur. La population terrorisée a fui dans les montagnes et dans les forêts, où beaucoup de personnes, surtout les enfants, ont péri de froid et de privations. Tous ces faits ont été constatés dans l'appel des femmes géorgiennes aux femmes du monde civilisé publié en 1906.

Même à Tiflis, dans notre capitale, sous les yeux du Vice-Roi et des hautes autorités et même avec leur consentement, des « pogromes » organisés ont eu lieu. Le 29 août (le 11 septembre), le 22 octobre (le 3 novembre) et le 2 décembre 1905 (le 3 janvier 1906) des femmes et des enfants étaient massacrés dans les rues, dans les environs même du palais du Vice-Roi.

La persécution systématique de notre nation est devenue telle qu'on nous défend de venir en aide aux victimes dans nos provinces occidentales.

Quand la Société des Femmes Géorgiennes recueillait des souscriptions pour venir en aide aux paysans affamés de la Gourie, le Vice-Roi, le Comte Vorontsoff-Dachkoff, s'interposa en disant : « Le gouvernement ne permet pas de venir en aide aux gens punis par lui. »

Quand le printemps passé, la méningite se déclara dans la province de Kakhétie, la Société Géorgienne de Bienfaisance voulut envoyer des médecins sur place, mais de nouveau, par ordre du Vice-Roi, il leur fut défendu d'aller dans cette province. Il fut même défendu d'envoyer des vaccinateurs dans les villages de la Géorgie centrale.

Des centaines, sinon des milliers de Géorgiens, sont tenus en prison sans procès, en attendant d'être déportés en Sibérie et au nord de la Russie.

Pendant l'année passée, plus de 300 personnes, presque tous des Géorgiens, ont été condamnées à mort au Caucase par les cours martiales, et exécutées. Des milliers de paysans et d'ouvriers ont été déportés en Sibérie et dans la Russie septentrionale.

La presse européenne a fait connaître les persécutions atroces qui se déroulèrent dans toute la Russie pendant deux années. La presse russe a constaté que le nombre des victimes a dépassé 40,000 et il est connu qu'après la Pologne et les provinces Baltiques, c'est la Géorgie qui a souffert le plus.

Une pareille humiliation et une semblable oppression ne se sont jamais produites dans tout le cours de notre histoire, depuis l'invasion de Tamerlan. Et quand nous osons élever notre voix pour défendre nos droits nationaux, quand nous osons mentionner notre traité avec l'Empire du Czar, on nous arrête, on nous persécute et même souvent on menace de déporter et d'exterminer complètement la nation géorgienne.

Dans cette condition insupportable, privé du droit de pétition collective à la Douma ou au Czar, le peuple géorgien a décidé de porter devant le monde civilisé ses plaintes contre la politique injuste et illégale du Gouvernement Impérial Russe, contre la méconnaissance systématique d'un traité international, conclu et ratifié en pleine conformité avec le droit international.

Grâce à l'intervention de l'Europe, les provinces de la péninsule des Balkans, opprimées par la Turquie, ont été transformées en pays constitutionnels et florissants, tels que la Serbie, la Roumanie, la Bulgarie.

Au contraire, avec son passé de dix-huit siècles d'indépendance et de civilisation chrétienne, après s'être uni à l'Empire russe pour se rapprocher de l'Europe et de la civilisation européenne, notre pays, au lieu de réaliser les conditions favorables au progrès et au développement intellectuel, s'est vu ruiné, sa vie politique et sa vie intellectuelle sont écrasées systématiquement, et ses aspirations vers le progrès sont refoulées sans pitié.

C'est cette situation créée par la Russie impériale, au mépris des engagements les plus sacrés, que nous dénonçons aux États du monde civilisé, réunis en une conférence solennelle, et nous réclamons justice.

Nous demandons votre aide pour obtenir la restitution de nos droits en conformité avec le traité de 1783, qui nous garantissait l'intégrité de notre territoire et l'autonomie nationale sous le protectorat de l'Empire russe.

(Suivent les signatures.)

II.

Traité conclu entre le Czar Héraclius de Géorgie et S. M. Catherine II, Impératrice de Russie. 1783 — 24 juillet.

ARTICLE PREMIER. — A l'avenir, Héraclius ne se nommera plus *Vali de Géorgie*, comme vassal persan ; mais, à la fois comme chrétien et comme allié de la Russie, il prendra le titre de Czar de Géorgie, titre et pouvoir dans lesquels la Russie le confirme pour l'avenir ainsi que ses descendants à perpétuité, jusqu'à la fin des siècles.

ARTICLE II. — Tous les pays appartenant anciennement à la Géorgie et maintenant occupés par les Turcs, Persans et Lesghis, comme Saatabago, Rani, Movakani, Akhalzikhé, Djavakhethi, Livana, Atchara, Noukha ou Chéki, Chirvan, et autres lieux, seront repris à l'occasion et sont regardés comme parties intégrantes de la Géorgie.

ARTICLE III. — A la mort du Czar, l'investiture appartiendra à la Russie qui la conférera au fils aîné de ce prince, etc.

ARTICLE IV. — S'il arrive à la Cour de Tiflis, de la part de la Perse ou de la Turquie, quelque missive où quelque envoyé secret ou public, le Czar sera tenu d'en rendre compte à la Russie, et, avant sa décision, il n'y pourra faire réponse.

ARTICLE V. — Il y aura, pour représenter le Czar Héraclius, un résident permanent à St-Pétersbourg ; il est jugé inutile que la Russie, de son côté, en ait un en Géorgie.

ARTICLE VI. — Tous les impôts et revenus de la Géorgie, en argent, pain, vin, etc., comme d'usage appartiendront seulement au Czar, sans que la Russie prétende y participer en quelque manière que ce soit.

ARTICLE VII. — Chaque fois que le Czar nommera aux premières places de l'État, comme à celle de Sardar (chef de l'armée), ou autre, il soumettra son choix au gouvernement russe par pure forme, sans que la Russie puisse s'opposer à ce choix.

ARTICLE VIII. — Le Patriarche, ou Catholicos de la Géorgie, aura le huitième rang parmi les archevêques de la Russie et ajoutera conséquemment à ses autres titres celui d'archevêque de Tobolsk. Le Saint-Synode de la Russie ne se mêlera jamais, en quelque manière que ce soit, des affaires de l'Église grecque de la Géorgie.

ARTICLE IX. — Les Tavadi (Têtes du peuple ou princes) et les Asnaouri (libres ou nobles) marcheront partout de pair avec les personnes qui possèdent en Russie les dits titres de princes et de nobles.

Article X. — Ceux des sujets géorgiens qui voudront avec leurs familles s'établir en Russie, le pourront faire librement ; et vice versa, les Russes pourront s'établir en Géorgie. De même, ensuite, ceux qui ne seraient point contents d'avoir changé de pays pourront de nouveau s'en retourner de part et d'autre. Ceux des sujets ou soldats de l'une ou de l'autre puissance qui auraient déserté seront rendus réciproquement ; même, en cas de guerre avec la Porte, les Géorgiens qui seront faits prisonniers en servant dans les rangs ennemis seront rendus au Czar et ainsi de l'autre part.

Article XI. — Les marchands russes arrivant en Géorgie y jouiront des mêmes droits qu'ils possèdent en Russie, et réciproquement. De part et d'autre, on leur rendra justice, d'apres les lois.

Article XII. — Les points ci-dessus mentionnées seront changés, si toutefois la chose est jugée nécessaire par les deux parties contractantes.

Article XIII. — Après six mois d'examen de part et d'autre, les articles qui précèdent seront ratifiés.

Échangé et signé au fort de Georgievsk sur la ligne du Caucase.

1783 — 24 juillet (v. st.).

ont signé :

Pour l'Impératrice : Paul Potemkin.
Pour le Czar : Jean Bagration.
Garsevan Tchavtchavadzé.

III.

Traité conclu à Tiflis, entre Sa Majesté l'Empereur Paul Ier, et le Czar Georges XII, fils d'Héraclius. 1799 — 23 novembre (v. st.).

Article premier. — Sa Majesté l'Empereur de toutes les Russies prendra le titre de Czar de Géorgie, ainsi que ses descendants et successeurs.

Article II. — Le fils aîné du Czar régnant, David, sera Régent de Géorgie (Memquidré), et cette dignité se transmettra d'aîné en aîné à toute sa postérité.

Article III. — Les habitants de la Géorgie ne paieront aucune taxe pendant l'espace de 12 ans, afin de se rétablir de tant de guerres désastreuses, etc., et le Régent recevra de la Russie pendant l'espace de

ces douze années, pour lui et la famille royale, la somme annuelle de
20 mille tumans de Géorgie (faisant une somme d'environ 820,000 francs).

ARTICLE IV. — Les mines d'or et d'argent d'Aghtala, et les mines de
cuivre de Misghana, seront exploitées par les Russes, et le revenu de
cette exploitation servira en partie à payer la somme mentionnée dans
l'article précédent.

ARTICLE V. — Un corps de 6,000 hommes d'infanterie russe, toujours
au complet, sera stationné dans la Géorgie ; les Géorgiens composeront
la cavalerie de ce corps d'armée.

ARTICLE VI. — On rassemblera d'autres troupes autant qu'il en faudra
pour garder les frontières (Samzghvari).

ARTICLE VII. — La Russie enverra des ingénieurs chargés de con-
struire et réparer les fortifications de places où ce travail sera jugé nécessaire.

ARTICLE VIII. — La monnaie qui sera battue dorénavant à Tiflis por-
tera d'un côté les armes de la Russie et de l'autre celles de la Géorgie.

ARTICLE IX. — Les vivres dont les troupes russes auront besoin en
Géorgie leur seront vendus au même taux qu'aux habitants du pays.

ARTICLE X. — Quand on ordonnera un recensement de la population,
ce calcul se fera par maisons (Sakhli) et non par âmes (Souli).

ont signé :

Pour la Russie : ROSTOPTCHINE (comte).
Pour la Géorgie : AVALOFF.
PALAVANDOFF.

IV.

Copie.

Bruxelles, 30 Rue St-Jean, 24 novembre 1906.

J'ai reçu, Messieurs, votre lettre du 21 novembre et je m'empresse
d'y répondre. Voici mon opinion sur la question que vous me posez.

Les Géorgiens sont en état de révolte légitime ; la situation présente
de leur pays est révolutionnaire ; les actes de violence qui se com-
mettent pour assurer le triomphe de la cause géorgienne sont des actes
politiques, qui, s'ils tombent sous l'application des lois pénales, constituent des délits et des crimes politiques.

La domination du gouvernement russe en Géorgie est injuste dans
son principe et dans ses origines historiques ; elle est basée sur la

fraude ; pendant tout un siècle elle s'est exercée d'une manière cruelle et tyrannique.

Quand en 1783, par la conquête de la Crimée, Catherine II eut la navigation de la mer Noire, elle songea à l'extension de la puissance russe en Asie. Il lui fallait s'assurer le concours du royaume de Géorgie. Un traité fut conclu, le 24 juillet 1783, entre l'impératrice et le roi Héraclius II. C'était un traité d'amitié et d'alliance, où se trouvaient les formules les plus expressives du respect que le gouvernement russe prétendait manifester pour les droits des Géorgiens.

Aux termes du traité, Héraclius II ne devait plus porter le titre de « Vali » de Géorgie, comme vassal de la Perse ; comme chrétien et comme allié de la Russie, il devait prendre le titre de Czar de Géorgie ; la Russie le confirmait dans ce titre et dans ce pouvoir pour l'avenir ; elle confirmait de même ces descendants à perpétuité, jusqu'à la fin des siècles. A la mort du Czar Héraclius II, l'investiture appartenait à la Russie, qui devait la conférer à son fils aîné. Héraclius II se faisait représenter à St-Pétersbourg par un résident permanent ; il était jugé inutile que la Russie eût un représentant en Géorgie. Tous les impôts et revenus de la Géorgie appartenait au Czar de ce pays ; la Russie n'y prétendait participer en aucune façon. Les nominations aux premières places de l'État (comme celle de chef de l'armée) étaient soumises au gouvernement russe, mais par pure forme et sans que la Russie pût s'opposer au choix. Il n'y avait point d'immixtion possible dans les affaires de l'Église de Géorgie. Enfin, dans les deux pays, Géorgie et Russie, les marchands avaient l'égalité des droits.

Héraclius II mourut en 1798. Il eut comme successeur Géorges XII, prince faible. La Russie profita des difficultés internationales où le royaume de Géorgie se débattait, pour conclure un traité nouveau. Le traité porte la date du 23 novembre 1799. Cette fois, l'empereur de Russie, Paul Ier, prenait le titre de Czar de Géorgie ; le fils de Géorges XII devait devenir régent de Géorgie, et la dignité de régent devait se transmettre, d'aîné en aîné, à toute sa postérité. Un corps de troupes d'infanterie russe de 6,000 hommes pouvait tenir garnison en Géorgie ; les Géorgiens devaient fournir la cavalerie de ce corps.

Le roi Géorges XII mourut à Tiflis le 28 décembre 1800. Son fils David devint effectivement régent et administrateur. Mais la loyale exécution des traités ne dura guère. Par un manifeste du 18 janvier 1801, l'empereur Paul Ier déclara le royaume de Géorgie incorporé à l'empire. Il invoqua un prétendu appel des grands et du peuple de Géorgie. Il donna l'ordre à un corps d'armée russe, fort de 10,000 hommes, d'occuper le pays.

Paul Ier mourut le 11 mars 1801. Par un manifeste du 15 septembre 1801, Alexandre Ier incorpora purement et simplement la Géorgie à son empire.

Voilà sur quels titres reposent les prétentions du gouvernement russe à la fidélité des Géorgiens! Ruse, tromperie, trahison, ces titres ne sont que cela. Il est vrai que le régime dure depuis cent années; mais pendant ce long laps de temps, il a consisté en une persécution abominable de tout ce qui fait l'existence et la raison d'être d'une nation. Le régime russe s'est montré l'implacable ennemi de la langue et du culte des Géorgiens; il a détruit leurs écoles et leur enseignement; il s'est emparé des jeunes générations et, par d'injustes mesures, il a envoyé dans les provinces les plus éloignées de l'empire les recrues qui faisaient leur service militaire, contraintes et forcées; il a suscité des tracasseries de toute espèce; il a fait condamner à la mort et à la prison les patriotes; il a fait commettre les pires atrocités par sa soldatesque. Qui donc oserait dire que l'insurrection et la révolution ne sont pas un devoir?

Puisque vous parlez d'extradition, veuillez me permettre d'insister sur les principes qui régissent cet acte d'aide judiciaire et vous prier de lire à ce sujet les pages 255 et suivantes du volume*) que je mets à la poste. Vous y verrez quels sont en cette matière les vrais principes et vous verrez aussi comment précisément le gouvernement russe a essayé de transformer les notions juridiques et de faire prévaloir en Occident ses notions barbares.

Veuillez, Messieurs, agréer l'expression de mes sentiments les plus distingués.

Signé : ERNEST NYS
Professeur à l'Université de Bruxelles
Conseiller à la Cour d'Appel.

---

*) E. Nys, Le Droit International. II.

TABLE DES MATIÈRES.

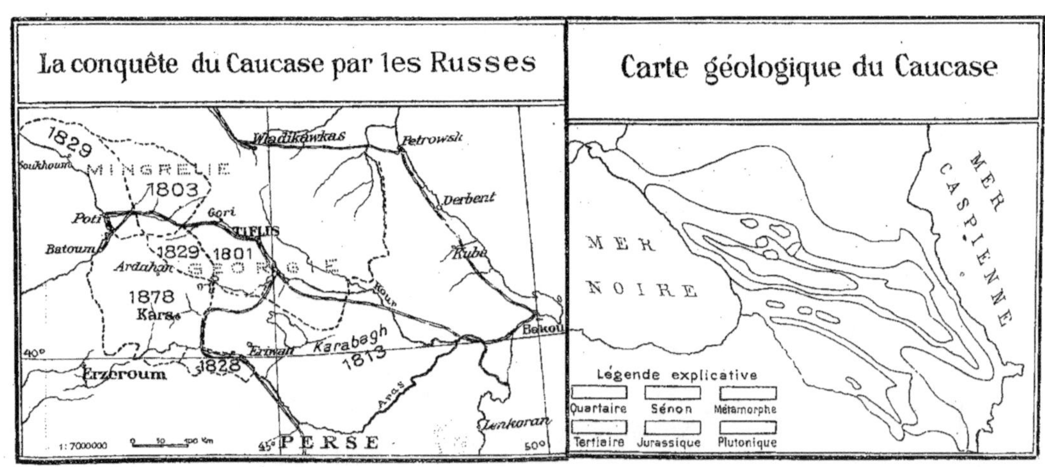
GÉORGIE
RUSSIE
MER NOIRE
Circassie
Abkhasie
Montagnards du Caucase
Svanéthi
Bitchvinta
Soukhoum
Ingour
Terek
Terek
Ossèthi
MER CASPIENNE
Mingrélie
Rioni
Koder
Kartli
Daghestan
Soulak
Derbent
Poti
Koutais
Rioni
Gori
Thélavi
Kakhethi
Samour
Gouria
Batoum
Adjara
Chavchéthi
Akhaltzikhe
TIFLIS
Sighnaghi
Alazani
Zakathala
Trébizonde
Artkine
Erouchéthi
Djavakhéthi
Iori
Tchanéthi
(Lazistan)
Artanoudj
Artani
Kour
Klardjéthi
Tchoroki
Kola
Elisabethpol
BAKOU
Tchoroki
Olthisi
Kars
Ani
Erivan
Etchmiadzine
TURQUIE
(Arménie)
Tatars
Kour
Araxe
Araxe
Erzéroum
Nakhitchevan
Aderbéidjan
Ardébile
Tébrize
PERSE
Territoire géorgien avant les grandes Invasions
Territoire de l'état futur de Géorgie
La frontière turque

La conquête du Caucase par les Russes
1829
Soukhoum
MINGRELIE
1803
Wladikawkas
Petrowsk
Poti
Gori
Derbent
TIFLIS
Batoum
1829
1801
Kuba
Ardahan
GEORGIE
Kour
1878
Kars
Baltou
Erivan
Karabagh
1813
Erzeroum
1828
Aras
Lenkoran
40°
45°
PERSE
50°
1:7000000
0   10   100 Km

Carte géologique du Caucase
MER CASPIENNE
MER NOIRE
Légende explicative
Quartaire   Sénon   Métamorphe
Tertiaire   Jurassique   Plutonique

389